한국경제,
대전환의 기회

불평등을 넘어 지속적인 성장을 이끌 새로운 플랫폼

한국경제,
대전환의 기회

| 김준영 지음 |

매일경제신문사

불평등의 갈등을 넘어
새로운 성장 플랫폼으로

20세기 후반부터 21세기 초, 세기적 대전환을 거치면서 한국은 국제무대에서 급부상했다. 개발 시대 압축 성장의 산업화는 압축 사회 발전의 민주화로 이어졌다. '우수한 인재'와 '할 수 있다는 자신감' 그리고 '내적 추동력을 이끈 리더십'이 민족적 열정으로 응집된 결과였다.

하지만 21세기 접어들어 압축 성장의 시대는 사라지고, 한국 경제 사회는 유례없는 도전에 직면해 있다. 저출산·고령화와 청년실업으로 인적자원은 조로화무老化되고 세대 간 고용 갈등이 심화될 전망이다. 산업 시스템과 소프트웨어는 정체停滯된 채, 저성장의 덫에 걸린 성장엔진은 식어가고, 불평등은 악화되고 있다. 공동체가치共同體價値와 사회의 질質은 후퇴하고 있다. 침투하고 있는 경제 바이러스와 사회스트레스를 극복하기 위한 솔루션을 찾아야 할 시점이다.

지난 250년 동안 자본주의는 경제성장과 불평등의 불협화음 속에서 발전해왔다. 산업화 과정에서 경제성장과 불평등은 서로 충돌하기도 했고 완충하기도 했다. 하지만 20세기 불후의 명작으로 1926년 첫 출간된《위대한 개츠비The Great Gatsby》가 던져준 교훈은 민주주의 사회에서 경제성장 없이는 양극화도 치유 불가능하며, 또한 양극화 문제를 해결하지 않고서는 경제성장도 이룰 수 없다는 역사의 철칙이다.

한국 경제는 산업화 이후 민주화와 디지털화를 거치면서 비약적인 발전을 이루었다. 하지만 지난 2015년 이후 한국 경제 저성장 기조가 장기화되면서 경제사회적 불평등이 더 악화되고, 사회적 이동성이 후퇴해 중산층 벨트가 얇아지는 현상이 통계적으로 여실하게 증명되고 있다.

결국 오늘날 치평治平의 핵심 과제는 경제성장과 함께 불평등으로 인한 갈등의 해소와 사회통합을 동시적으로 이뤄내는 데 있다. 마찰과 갈등이 사회통합이란 대의大義를 밀쳐내고 있는 모순을 극복해내기 위해서 한국 경제성장은 사회통합성을 높이는 지속 가능한 성장으로 패러다임을 바꿔야 한다. 그 궤도가 사회 통합적 신新성장이다. 성장전략도 미래 시대에 맞게 혁신해야 한다. 마구잡이 주입식 파이 프라인 성장이 아니라, 성장 동력을 개방적이고 수평적으로 융합하고 네트워킹하는 플랫폼 성장으로 접근해야 한다.

오랜 세월 대학에 몸담으면서 한국 경제를 고찰해왔던 경제학자로서 한국 사회의 불평등과 양극화 갈등의 실상을 통계적으로 짚어보는 한편, 범사회적으로 어떻게 통합의 콘텐츠를 공유하고 확산하면서 미래의 성장을 지속 가능하게 할 것인가, 항상 머리를 떠나지 않는 고민이었다.

이 책은 3부로 구성된다. 1부 '불평등의 진화'는 산업혁명 이후에 불거진 불평등의 갈등이 경제가 성장하면서 한 국가 내에서 그리고 전 세계적으로 어떻게 퍼지고 또 진화해왔는지에 대한 이야기다. 불평등에 앞서 공정의 가치와 덕성을 어디에 둬야 하는지를 고민했다. 그 혜안을 플라톤, 아리스토텔레스, 칸트, 공리주의, 그리고 존 롤스에게서 찾아봤다. 이어서 산업혁명 이후 불거져온 불평등의 흐름과 글로벌화가 불평등에 끼친 영향을 조망했다.

2부는 한국을 포함해 OECD 국가를 대상으로 통계적 실증을 거쳐 관찰한 불평등과 양극화 그리고 사회적 이동성 변화가 주된 화두다. 한국의 소득 불평등은 OECD 국가의 중상위이지만, 소득 양극화는 상위 그룹에 속할 정도로 악화되고 있다. OECD 국가의 불평등 실상을 비교하면서 산업화 이후 한국의 경제성장과 불평과의 관계를 동반 상승기, 조정기 그리고 악순환기로 관찰했다. 소득불평등도 중요하지만 소비불평등도 매우 심각한 과제다. 보건의료비와 교육비 지출의 불평등이 소득불평등보다 2배 더 높은 실정이다. 불평등 문제와 관련해 사회적 이동은 얼마나 활발한가? 소득·자산·소비·의료비·교육비·일자리유형·세대 간 이동으로 진단하면 한국 사회에서 계층 간, 세대 간 이동성은 약화되고 있을 뿐만 아니라, 고착화되는 것으로 관찰되고 있다.

3부는 불평등과 갈등을 완화하고 사회적 통합과 성장을 이끌 새로운 패러다임과 전략을 통찰한다. 불평등 완화와 경제성장은 함께 풀지 않으면 안 된다. 그 해법을 통합의 콘텐츠와 사회 통합적 신新성장전략에서 찾고자 한다. 사회적 통합의 궤도 이탈을 복원하기 위해서는 무엇보다도 통합의 기반이 폭넓게 자리 잡고 있어야 할 것이다. 사회통합의 윤리와 가치를 세우고, 통합의 생태계를 확산하여 자본주의와 민주주의의 조화 속에서 그 통합의 기반을 두텁게 해나가야 한다.

물량 투입 식 배타적 성장의 시대는 막을 내린 상황에서 성장의 사회 통합성을 높여나가는 게 우리 모두의 숙제다. 또한 다양한 성장동력을 개방적이고 수평적으로 연결하고 협업을 이끌 플랫폼 성장전략이 필요하다. 이른바 사회 통합적 신성장 플랫폼전략이다. 성숙한 합의 문화를 바탕으로 사회적 파트너십을 이끌어낸 네덜란드, 아일랜드, 독일의 사회협약을 토대로 우리 사회가 구축해야 할 사회 통합적 신성장 플랫폼의 실체를 함께 찾아야 한다.

요컨대 불평등과 양극화 그리고 성장 동력의 분산은 사회통합의 기반을 잠식시킨다. 하지만 불평등을 완화하기 위해서 경제성장을 희생해도 된다는 식의 접근으로는 갈등 해소와 통합 사회로 나가기가 어렵다. 수평적이고 개방적이며 유연한 신성장 플랫폼 위에서 사회 통합적 신성장전략이 구현되기를 기대한다.

끝으로 성균관대학교 총장을 마치고 지난 수년간 이 책을 완성해

오는 과정에서 선현先賢과 선학先學들로부터 입은 학덕學德에 감사를 드린다. 집필 과정에 많은 도움을 준 강성호 박사와 권도연 연구원에게 감사와 함께 성균관대학교 경제학과 대학원 강의 시간을 통하여 함께 연구와 토론에 참여해준 이진하 군, 류성현 군, 민수진 양, 그리고 정영욱 군에게도 심심한 사의를 표한다. 마지막 단계에서 원고를 읽고 다듬어준 매일경제신문 이근우 부장께 감사를 드린다. 책을 발간하는 데 지원해준 매일경제신문과 정혜재 매일경제 출판편집과장께 감사드린다.

　글 쓰는 과정에 배려를 해준 가족들, 그리고 자혜慈惠를 베풀어주셨던 부모님께 이 책을 바친다.

2019년 2월

김준영

차례

1부

불평등의 진화

1부 불평등의 진화는 산업혁명 이후에 불거진 불평등의 갈등이 경제가 성장하면서 한 국가 내에서 그리고 전 세계적으로 어떻게 퍼지고 또 진화해왔는지에 대한 이야기다. 불평등에 앞서 공정의 가치와 덕성을 어디에 둬야 하는지를 고민했다. 그 혜안을 플라톤, 아리스토텔레스, 칸트, 공리주의, 그리고 존 롤스에게서 찾아봤다. 이어서 산업혁명 이후 불거져온 불평등의 흐름과 글로벌화가 불평등에 끼친 영향을 조망했다.

1장
공정한 사회란 어떤 것인가?

인류는 얼마나 공정한 사회에서 살고 있을까? 공정한 사회라면 자유가 존중되고 원칙(룰)과 기회의 균등이 지켜지는 사회, 그리고 소통과 화합의 건전한 사회적 덕성social virtue이 뿌리내린 사회여야 한다. 공정 fairness을 둘러싼 담론은 도덕과 윤리에서 출발해 자유와 평등, 그리고 분배와 통합으로 그 보편적 지평을 넓혀왔다.

애덤 스미스Adam Smith는 분업과 효율을 강조한 시장경제학자로 널리 알려져 있다. 실제로 《국부론》(1776)과 함께 양대 저서로 꼽히는 《도덕감정론》(1759)에서 애덤 스미스는 사회규범으로서 자유, 평등, 공정 중 특히 공정의 중요성을 이렇게 갈파했다. "공정은 인간 사회라는 구조물을 지탱하는 기둥이기 때문에 공정성이 제거되면 이 구조물은

산산이 분해되고 만다."

오늘날 사회는 옳음과 그름, 정의와 부정, 차별과 불평등의 혼돈 속에서 공정한 사회 궤도로부터 이탈된 모습으로 비칠 때가 많다. 이해충돌 속에서 도덕성과 공동선은 점점 밀려나고 있다. 특히 사회적 격차와 불평등으로 갈등과 분열이 심화되고 있기 때문에 공정에 대한 사회적 갈증은 어느 때보다도 심하다. 과연 공정한 사회로서 지켜야할 가치와 덕목은 무엇인지? 그 첫머리를 철학적 혜안에서 찾아보자.

조화롭게 공존하는 질서로서 공정

공정한 사회에 대한 스토리로서 플라톤Plato은 개인이든 국가든 이성과 용기, 절제가 조화를 이룰 때 올바른 사회가 된다고 밝혔다. 감정이 앞서고, 올바른 기개가 쇠퇴하고, 탐욕이 난무하는 사회는 공정한 사회가 될 수 없다는 말이다.

개인과 사회가 추구해야 할 덕목으로서 이성적으로 생각하고 판단하는 덕목, 옳고 그름을 분별하는 용기 있는 덕목, 탐욕을 절제하는 덕목, 이 세 가지 덕목이 각각 제자리에 서고 조화를 이룰 때가 공정이다. 따라서 공정은 세상을 조화롭게 공존하도록 하는 공동체 질서이다.

플라톤의 철학은 인간과 사회와 자연을 조화롭게 하는 공자孔子의 인仁 사상과도 일맥상통한다고 볼 수 있다. 플라톤은 이성과 용기 및 절제의 덕목은 교육을 통해 닦아야 한다고 강조했다. 모든 사람은 평등하게 교육을 받아야 한다는 평등한 교육의 기회를 플라톤은 내세웠지만, 국가의 중책을 철인哲人에게 맡김으로써 이성, 용기 및 절제가 조화를 이루는 이상국가와 철인정치를 갈망했다.[1]

플라톤의 제자인 아리스토텔레스Aristotle는 분배의 공정성에 무게를 두었다. 공정의 기준으로서 분배는 사람들이 기여한 부분에 따라 무엇을 얼마나 받아야 하는지를 산정해서 보상해주어야 한다. 누구에게, 무엇을, 얼마나 분배해야 할지를 공정하게 정해야 한다는 것이다. 그러므로 먼저 분배하고자 하는 성격에 부합하도록 기여도를 정한다음, 이에 상응한 분배가 이뤄지는 것이 공정한 분배이다.

특히 아리스토텔레스는 사회에 대한 기여를 미덕으로 받아들였다. 그러므로 공정한 분배가 이뤄져 시민들이 사회에 공헌하는 미덕을 확산시키고 좋은 삶을 영위하도록 하는 것이 공정한 사회라고 보았다. 이처럼 아리스토텔레스의 분배정의는 분배받아야 할 '대상의 차별성'과 분배받아야 할 '몫의 공정성'을 기반으로 하고 있다는 점에 주목할 필요가 있다.

누가 얼마만큼을 받아야 하는지에 분배정의의 차별성을 두는 한편, 분배 수단(소득, 부, 보조금, 주택, 연금 등)의 성격에 맞게 공정하게 보상해야 한다는 것이 아리스토텔레스의 분배의 공정성이다.[2]

따라서 아리스토텔레스의 분배론에 따르면, 공정한 분배를 통하여 시민들이 미덕을 베풀도록 사회적 덕성을 확산시켜야만 좋은 삶과 행복한 공동체로 발전할 수 있다.

한국 사회에서도 저소득층과 취약계층을 위한 복지·분배 차원에

| 고대의 공정성 | 플라톤 | 이성과 용기 및 절제의 조화 |
| | 아리스토텔레스 | 분배의 공정성 |

서 사회안전망을 더 확충해야 한다는 목소리가 높다. 물론 정부 재정을 통해서도 접근해야 할 것이다. 그러나 공적인 사회안전망만으로는 한계가 있다. 우리 사회의 전통 미덕인 부모에 대한 효, 가족의 우애, 주위에 대한 상부상조하는 마음의 미덕을 되살리게 되면, 아리스토텔레스가 강조했던 사회에 대한 미덕도 확산될 것이다.

요컨대 플라톤과 아리스토텔레스가 꿈꾼 공정한 사회의 이상은 도덕과 미덕 그리고 행복하고 좋은 삶이 구현되는 공동체였지 않았을까? 하지만 그들이 바라본 현실은 탐욕과 감정에 편승해 조화와 질서를 잃은 사회였다. 어두운 현실의 자화상 앞에서 그들은 공정의 가치와 덕목을 꿰뚫었다.

플라톤은 이상적인 사회 건설을 위한 지혜, 용기, 절제의 조화를 공정한 사회의 질서와 덕목으로 주문하고 있다. 한편 아리스토텔레스는 공정한 분배를 통해 시민들이 이웃과 사회에 공헌하면서 미덕을 베풀어 선량하고 좋은 삶을 영위하도록 해야 한다고 보고 있다. 이것은 분배의 본질, 나아가 분배 과정에서의 차별성과 공정성을 토대로 한 사회적 갈등 해소를 위한 철학적 혜안이다.

자유와 평등으로서 공정

공정한 사회에 대한 보다 객관적이고 보편적인 원칙과 잣대는 무엇일까? 임마누엘 칸트Immanuel Kant는 인간의 존엄성에 기반을 둔 자유와 자율의 관점에서 공정에 대한 새로운 장을 열었다. 그는 인간이 존엄성을 지닌 이성적인 존재이기 때문에 자유로운 행동과 양심에 따른 자율적인 선택을 공정의 가치로서 존중했다. 칸트는 다른 사람의 존엄성을 존중하면서 어느 한쪽에 치우치지 않고 객관적이고 보편적인 기준에 따라 자율적이고 자유롭게 행동하는 윤리이자 규율을 단정적으로 명령(정언명령)했다.

예를 들면 어떤 행동에 조건이 붙거나, 변명을 하거나, 내 탓이 아니라 남 탓을 하거나, 균형을 잃고 객관적이지 못한 행동은 도덕성에 기반을 둔 정언명령定言命令이 아니므로 자유롭고 자율적인 행동이 아니다. 이것이 인간의 존엄성에 기초한 자유주의적 공정의 관점이다. 인간의 존엄성이 훼손되고, 자율과 자유를 내걸며 책임을 다하지 않고 남 탓으로 돌리는 사회상은 칸트가 바라본 공정한 사회의 가치가 지켜지지 않는 사회일 것이다.[3]

영국의 경제사상가 존 스튜어트 밀John S. Mill은 '최대 다수를 위한 최대 행복'의 원칙을 공리주의 사상으로 내세웠다. 18세기 말과 19세기 미국의 독립과 프랑스 대혁명, 그리고 산업혁명의 대변혁기에 등장한 공리주의Utilitarianism는 공정과 행복을 사회적인 공리의 관점에서 판단했다. 제러미 벤담Jeremy Bentham은 행복(효용)은 선을 낳고 고통은 악한 행동을 가져온다고 전제했다. 그러므로 사회는 행복을 증대시키고 고통을 감소시키는 공리公利를 증진시켜야 한다는 것이다. 각자가 자유롭게 공리를 최대한 추구할 때 사회 전체의 공리도 최대화된다고 보았다.

산업혁명의 여파로 빈부 격차와 불평등이 불거져 나오자 벤담은 개인의 이익과 사회 전체의 이익을 조화시키는 해법을 공리주의에서 찾았다. 나아가 공리주의는 최대 다수가 최대 행복을 느끼는 공리 사회가 공정한 사회라고 봄으로써 민주적 복지국가(공리국가)에 불을 댕겼다.

여기에서 공리주의의 재분배 입장도 짚어볼 필요가 있다. 예를 들어 부유한 사람들로부터 적은 소득이라도 가난한 사람들에게 재분배하면, 한계효용체감의 법칙에 따라 후자들의 효용은 크게 증가할 수 있다는 것이다. 이것이 공리주의자들이 과세를 통한 재분배 정책이 사회적으로 공리를 증진시킨다고 말하는 배경이다. 하지만 공리주의는 최대 다수의 최대 행복(효용), 즉 사회적인 공리에 기반을 둠으로써 소수라도 고통받는 개인들의 권리에 대한 배려가 미흡하다는 비판을 피할 수 없었다. 그럼에도 불구하고 공리주의에 기반을 둔 실용주의 원리는 오늘날까지도 정책 입안이나 정치적 판단에 있어서 자주 원용되고 있다. 요컨대 칸트의 공정은 개인의 존엄성과 자유주의에 기반을 두고 있는 반면, 공리주의의 공정은 사회적인 공리에 기반을 두고 있다는 점에서 대조적이다.[4]

20세기에 들어와서 칸트의 인간에 대한 존엄성과 자유를 기반으로 하여 공정의 기준과 정의의 원칙이 획기적으로 발전되었다. 그 주인공이 바로 《정의론》을 쓴 존 롤스John Rawls이다. 롤스는 공정의 잣대로서 정의의 원칙인 자유와 평등에 관한 두 원칙을 제시했다. 즉 공평을 지향하는 평등의 원칙과 개인의 능력과 자유를 존중하면서도 그 차이를 인정하는 차등(불평등)의 원칙이다. 롤스는 평등과 자유라는 두 달걀을 정의라는 한 바구니 속에 품을 수 있다는 공정의 틀을 제시했다는 점에서 주목을 받았다.

제1원칙인 '평등의 원칙principle of equality'은 인간의 존엄성은 존중되어야 하므로 모든 사람이 기본적인 자유와 권리를 평등하게 누려야 한다는 원칙이다. 민주시민의 기본권인 선거권, 언론의 자유, 학문과 사상의 자유, 집회의 자유를 보장함으로써 민주 사회의 평등가치를 확산시키는 원칙이다.

제2원칙인 '차등의 원칙difference principle'은 사회적으로 특히 사회적 약자the least advantaged에게 보상을 해줘서 이익이 될 때만 경제적·사회적 차등이 정당화된다는 원칙이다. 구체적으로 차등이나 불평등이 허용되는 기준으로 차등의 원리와 기회 균등의 원리를 제시했다. 차등의 원리는 '불평등으로 인한 이익을 다른 사람, 특히 사회적 약자에게 보상해서 그들의 불평등이 개선되는 경우에 불평등이 허용될 수 있다'는 원리이다. 이 원리는 사회적 약자에 대한 배려로서 그들에게 최대 혜택을 주어야 한다는 최대최소maximin의 분배 원칙으로 발전되었다. 기회 균등의 원리는 '모든 사람에게 기회는 평등하게 개방되어야 한다'는 원리이다. 기회가 균등하게 주어지는 가운데 능력과 노력에 의한 차등은 있을 수 있어야 한다는 측면이다.

따라서 롤스에 의하면, 이 두 원칙이 지켜진다면 공정한 사회는 자유와 평등한 기회가 보장된 사회인 동시에 차등이나 불평등이 허용될 수 있는 사회이다. 다시 말하면 기본 권리와 자유를 평등하게 보장하면서 차등적인 능력을 발휘할 기회가 열려 있는 사회, 그러면서 사회적 약자에게는 최대의 혜택이 주어지는 사회가 롤스가 생각하는 공정한 사회이다.[5]

그러나 지금까지 광범위한 지지를 받아왔던 롤스의 주장에 비판적 목소리도 나왔다. 비판의 초점은 보편적이고 획일적인 기준에 따른 정의관이라는 데 맞춰졌다. 공동체로서 공유해야 할 다양한 가치를 반영하여 공정의 기준이 설정되어야 한다는 해법이다. 그 중심에 정치철학자인 마이클 왈저Michael Walzer가 있었다.

왈저는 저서 《정의와 다원적 평등: 정의의 영역들》에서 "민주공동체의 다양한 영역에 적합한 분배가치와 분배기준에 따라 분배가 이뤄져야만 공정하게 된다"고 주문했다. "공동체의 다양한 영역에서 분배의 가치와 기준이 획일화된다면, 한 영역의 공과功過가 다른 영역의 공과로 파급되어 불평등한 사회로 발전된다"라는 점을 경고하고 있다.[6] 따라서 왈저가 바라보는 공정은 다양한 구성원이 건전한 공동체 구성원democratic civitas으로서 누려야 할 권리와 자격을 보호해주는 다원적 공정성이다.

아울러 기회의 평등equal opportunity은 공정한 사회로 발전하기 위한 근본적 가치이다. 인간의 성취 과정에 있어서 불공정하게 유리한 지위나 이점을 허용하지 않고 출발선이 동일한 상태가 기회의 평등으로 받아들여져왔다. 현실적으로 불평등은 기회의 불평등으로부터 야기

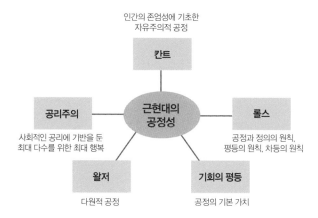

인간의 존엄성에 기초한
자유주의적 공정

칸트

공리주의

근현대의
공정성

롤스

사회적인 공리에 기반을 둔
최대 다수를 위한 최대 행복

공정과 정의의 원칙,
평등의 원칙, 차등의 원칙

왈저

기회의 평등

다원적 공정

공정의 기본 가치

되는 경우가 많다. 노력의 차이, 환경의 차이 혹은 성별의 차이에서 불거지는 기회의 불평등은 공정한 사회의 기반을 훼손하고 불평등한 지형을 확장시킨다.

지금까지 공정한 사회의 가치와 덕목을 다양하게 짚어보았다. 조화롭게 공존하는 질서로서 공정, 인간의 자유와 자율을 존중하는 자유주의적 공정과 기회의 평등, 사회적인 공리에 초점을 둔 최대 다수의 최대 행복, 그리고 공정의 잣대로서 자유와 평등 등 공정에 대한 보다 객관적이며 보편적인 공정관으로 발전해왔다.

그러나 아직도 이상적으로 갈망하는 공정한 사회와 현실적 괴리는 크다. 그 괴리를 좁히기 위한 공정한 사회의 가치와 덕목을 아우르고 실천하는 노력은 지속적으로 확산해가야 할 것이다.

2장

불평등한 사회에 대한 개념

인간에게 적응할 시간이 부족할 정도로 기술과 생태계가 빠르게 진보하는 호모사피엔스의 사회가 도전이자 위협으로 다가오고 있다. 어느 사회를 보나 불평등은 없을 수 없으며, 어느 정도 불가피한 측면도 있다. 하지만 불평등이 심화될수록 갈등과 분열이 생기고 사회통합의 기반이 침하될 수 있다.

전통적으로 불평등은 원인에 따라 기회의 불평등과 노력의 불평등으로 분류되어왔지만, 그 원인과 진단부터 파장까지 불평등을 둘러싼 논쟁은 아직도 뜨겁게 이어지고 있다.

불평등이 안개처럼 사라질 수 없다면, 불평등한 사회의 실체를 어떻게 바라봐야 할까? 불평등의 셈법과 실증적 충돌, 그리고 정치·경제적으로 확장시켜 파악해보자.

불평등 셈법

불평등의 셈법은 과연 존재했을까? 플라톤은 철학자의 입장에서 특히 분배의 불평등에 대한 기준을 제시한 바 있다. 부자 대 가난한 사람이 소유해야 할 재산 비율인 소위 4 대 1의 비율이다. 과도한 분배의 불평등은 공동체 구성원들 간의 갈등과 분열을 야기하고 사회 불안을 초래하므로 4 대 1의 비율을 무너뜨리지 않아야 한다는 일종의 분배의 가이드라인이다. 플라톤은 개인이든 국가든 이성, 용기, 절제의 조화를 이루는 공정한 사회를 주장하면서 공동체의 지속발전을 저해하지 않도록 4 대 1의 불평등 비율을 제시했던 것이다.

이 비율을 오늘날 소득 격차의 지표로 활용되는 5분위 배율과 연결시켜보자. 소득수준을 5단계로 구분하여 상위 20퍼센트 소득(5분위) 대비 하위 20퍼센트 소득(1분위) 비율이 5분위 배율이다. 플라톤의 불평등 기준으로는 5분위 배율이 4배를 넘지 말아야 할 것이다. 한국은 이미 외환위기 때 4배가 깨져서 소득 5분위 배율이 6배가 되었고, 2017년에는 약 7배에 달했다.

이러한 고대 철학자 플라톤의 논리는 현대 경제학자 빌프레도 파레토Vilfredo Pareto의 80 대 20 법칙으로 이어졌다. 당시 이탈리아 인구의 20퍼센트가 전체 토지의 80퍼센트를 소유하고 있는 재산 비율에서 찾아낸 비율이었다. 범상치 않은 발견이었다. 오늘날 글로벌 시대에서도 세계 20퍼센트 기업이 총생산의 약 80퍼센트를 점유하고 있다거나, 20퍼센트의 인재가 약 80퍼센트의 부가가치를 창출하고 있다는 등 4 대 1 내지 80 대 20의 비율이 다방면에서 관찰되고 있다.

한편 로버트 노직Robert Nozick은 불평등 문제를 분배의 결과보다 과정에 초점을 두었다. 불평등을 해소하기 위해서는 분배 과정의 공정성과 기회의 균등 및 절차의 정당성을 확보해야 한다는 것이다. 불평등을 불러오는 분배 과정을 수술하지 않고, 사회적으로 표출된 불평등 결과의 처방만으로 불평등을 치유하는 데에는 한계가 있을 수밖에 없다는 말이다. 정부의 재분배 정책에 대한 비판적 경종이다. 로버트 노직은 불평등에 대한 보다 근원적인 처방으로서 기회의 균등과 같은 분배 과정의 공정성을 높여야 한다는 데 방점을 찍었다.

2015년 노벨 경제학상을 수상한 앵거스 디턴Angus Stewart Deaton 교수는 불평등을 가져온 동기와 원인에 따라 불평등이 사회에 끼치는 갈등의 결이 다를 수 있다는 데 주목했다.[7] 불평등이 왜, 어떻게 발생했는지, 평등한 기회가 지켜졌는지 등 불평등으로부터의 대탈출The Great Escape에 필요한 근본부터 따져봐야 한다고 강조했다.

예를 들면 혁신적인 기술을 개발하여 크게 부를 얻게 됨으로써 불평등이 발생하게 되지만, 혁신적 기술개발은 또 다른 혁신적 기술을 창출하는 동기와 인센티브로 전파되어 사회혁신을 가져올 에너지가 될 수 있다. 나아가 많은 사람이 혁신적 기술의 성과를 활용하고 누리며 더 좋은 삶의 가치를 공유하게 된다면, (좋은) 불평등으로부터 사회 발전의 긍정적인 동인을 끌어낼 수 있다는 인식이다.

그러나 특권이나 특혜 혹은 불공정한 지대 추구rent-seeking 행위로 야기된 (나쁜) 불평등은 공정한 경제 질서와 자본주의의 활력을 무너뜨리고 경제민주주의를 잠식시키는 부정적인 영향을 미치게 됨을 경고했다. 이런 점에서 앵거스 디턴은 불평등 자체를 완전히 추방할 수 없다면, 부정적인 결과를 초래할 나쁜 불평등을 초래하는 요인과 진원지를 제거하는 데 초점을 둬야 한다고 주문했다.

한편 자본주의의 기반인 시장으로부터 초래된 불평등을 차선 내지는 외부효과 측면에서 짚어봐야 한다는 입장도 있다. 시장에서의 경쟁과 가격 및 이익 추구에는 이기심도 촉발되지만, 경쟁력 있고 차별적인 제품을 생산하는 데에는 투자와 창의적인 노력, 앞서가는 기술이 객관적으로 반영되기 때문에 시장분배가 완벽하지는 않다고 하더라도 다른 대안에 비해 적정한 분배에 근접해 있다는 시각이다.

뿐만 아니라 매일경제신문사 세계지식포럼의 경제 양극화 토론에 참석했던 그레고리 맨큐Gregory Mankiw 교수는 기술의 발전을 소득불평등을 가져오는 요인으로 지적하면서도 최상위 소득 계층에 대하여 차별화된 논리를 전개한 바 있다. 기술개발로 최상위 소득 계층으로 진입했다고 하더라도 그 신기술의 발전으로 사람들이 새로운 서비스를 값싸게 이용하고 즐길 수 있다면, 많은 사람의 효용은 증가하게 되므로 다수가 행복한 불평등이 존재할 수 있다는 것이다.

다시 말해 신기술 개발로 최상위 소득 계층이 된 사람이 기술을 훔치거나 부패를 저질러 부를 늘린 것이 아니라, 창의적인 혁신과 노력을 통해 소득 계층의 상향이동이 일어난 것이라면 그로 인한 불평등

은 수용될 수 있어야 한다는 것이다.[8] 불평등을 경제사회발전과 공존의 틀에서 바라본 통찰이다.

실증적 충돌

불평등은 민들레 씨처럼 홀로 번지는 것이 아니다. 경제사회발전과의 상호작용 속에서 불평등은 개선되기도 하고 악화되기도 한다. 그 실상을 실증적으로 들여다보자.

1971년 노벨 경제학상을 수상한 사이먼 쿠즈네츠Simon Kuznets는 1955년 미국 경제학회장 취임사에서 역U자 가설을 내놓았다. 쿠즈네츠는 여러 나라 자료를 사용하여 분석한 결과, 1인당 소득이 낮은 단계에서는 불평등 수준도 낮아지지만, 경제가 발전하면서 소득이 증가하면 불평등 수준도 올라가다가 소득이 높은 단계에 이르면 다시 불평등 수준이 떨어져 역U자형 그래프를 나타낸다는 사실을 발견했다. 다시 말하면 경제발전이 높은 단계에 도달하면 성장의 열매가 분배되는 낙수효과trickle down effect로 인하여 불평등이 완화된다는 가설이다. 이 역U자 가설은 1970년까지 다양한 실증분석 결과로부터 폭넓은 지지를 받았다.

그 후 쿠즈네츠의 주장에 대한 비판적인 실증적 결과가 고개를 들었다. 이른바 '위대한 개츠비 곡선The Great Gatsby Curve'이다. 경제가 발전해도 경제적 불평등과 사회적 격차가 오히려 악화되고 고착화된다는 관찰이다. 이유는 소득과 부, 가난이 세대를 넘어 다음 세대로 대물림된다면, 계층 간 사회적 이동성을 약화시킨다고 보았기 때문이다. 버락 오바마 미국 대통령의 경제자문위원회 앨런 크루거Alan Krueger 위원장이 〈대통령 경제보고서〉에서 내놓은 결과였다.[9]

영화 〈위대한 개츠비〉의 주인공 개츠비는 가난한 농부의 아들이었고, 교육수준과 주위 배경이 변변치 않은 퇴역장교로 암시장과 지하세력과 결탁해 벼락출세한 인물이었다. 개츠비 곡선은 경제적인 불평등이 심화되고 경제적 대물림이 일어나게 된다면, 다음 세대가 정상적으로 하위 소득 계층에서 상위 소득 계층으로 이동하는 것이 어렵다는 실증적 증거였다.

토마 피케티Thomas Piketty 교수가 쓴《21세기 자본》은 불평등에 대한 또 다른 경종이었다. 피케티는 "쿠즈네츠 가설이 먹혀든 1970년까지는 1차, 2차 세계대전으로 인한 자본과 재산 등 물적인 부의 파괴와 대공황으로 금융자본이 붕괴됨에 따라 자본과 노동 간에 상대적으로 불평등이 악화될 수 없었던 예외적인 기간"이었고, "그 이후 소득과 부의 분배가 불평등해진 주된 이유는 자본수익률이 경제성장률보다 높았기 때문"이라는 주장을 폈다. 즉 경제성장률을 앞지른 자본수익률이 노동과 자본 간의 불평등을 키운 요인이라고 지목했다. 그 결과 "자본을 소유한 계층의 소득과 부가 노동 계층의 소득과 부보다 빠르게 증가했고, 그 격차가 벌어짐으로써 불평등이 악화되었다"고 보았다.

이런 토마 피케티의 실증적 주장에 대하여 많은 보수주의 전문가가 비판했다. 이론에 근거를 두지 않고 자본수익률과 경제성장률의 단순한 비교로써 불평등을 진단한 실증분석 결과는 위험할 뿐 아니라 불평등의 본질을 왜곡할 수 있다는 점이 비판의 핵심이었다. 특히 불평등의 주된 요인은 자본수익이 아니라 오히려 임금 격차와 노동시장의 불균형에서 찾아야 한다는 반론도 제기했다.

나아가 2001년 노벨 경제학상을 받은 조지프 스티글리츠Joseph Stiglitz는 불평등의 갈등을 다양한 요인에서 찾았다. 과잉 금융화financialization로 인한 투자자들의 탐욕과 금융가의 지대 추구 행위에 의한 금융규제 완화, 상위 소득 계층과 하위 소득 계층 사이의 조세제도의 모순, 글로벌화globalization와 기술 발전으로 인한 시장 독점, 그리고 합리적인 조정자로서 공정한 룰을 견지하지 못한 정부의 무능과 부실 등 종합적인 측면에서 진단했다.

특히 스티글리츠는 경제적 불평등이 정치적 불평등으로 번지게 되어 심각한 사회적 갈등과 분열을 초래하므로 정부가 불평등을 완화하기 위해서는 정책적 선택policy choice을 통하여 정면 돌파를 해야 한다고 강조했다.[10] 결국 올바른 정책적 선택으로 불평등 문제에 접근해야 한다는 입장이다.

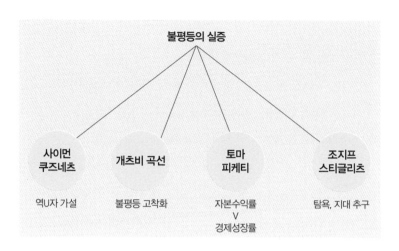

정치경제적 확장

최근 불평등과 함께 경제 관계를 둘러싼 논의가 공정한 경제 질서, 공유하는 경제, 그리고 사회적 경제로 확장되고 있다. 시장과 경제 관계의 공정성을 정립해야 한다는 경제민주주의, 소유경제에서 공동소비경제로 변화해야 한다는 공유경제Sharing Economy, 그리고 취약계층에게 공동체 구성원으로서의 경제활동 기회를 제공해야 한다는 사회적 경제 등 다양한 정치·경제적 시각이 경제·사회·노동정책 차원에서 제기되어왔다.

장하성 교수는 저서《한국 자본주의: 경제민주화를 넘어 정의로운 경제로》(2014)에서 우리 사회의 민주화 20년을 진단하면서 "민주화 이후 경제민주화는 더 퇴보되었다. 반목하는 집단들이 서로의 존재가치를 인정해주고 서로의 힘을 강화시키면서 균형을 맞출 수 있게 하기 위해서는 사회적 대타협이 필요하다. 사회적 대타협은 새로운 합의

점을 찾는 것이므로 역사의 그림자보다는 미래의 비전에 대해 더 중점을 두어야 할 것"이라고 주장했다.

여기에 송태경 박사는 문재인 정부에 경제민주주의의 진전을 제안한 기고문(《한겨레》, 2017. 6. 19)에서 경제민주주의를 "경제생활에 참여하는 사람들의 경제적 관계(자본과 임노동 관계, 채권채무 관계, 부동산 소유 및 임대차 관계, 국민과 국가 사이에 형성되는 조세재정 관계, 대자본과 중소자본 및 소비자의 거래)에서 발생하는 차별과 불평등을 시정하거나 해소하는 것 또는 평등을 도모하는 것"으로 제시한 바 있다.[11]

또한 신광식 교수는 논문 〈경제민주화, 논란과 실체〉(2015)에서 "경제민주화는 우리의 법·제도적 틀을 정립하고 왜곡된 경제 질서를 바로잡아 균등한 경제활동의 장을 조성함으로써 경제가 더 효율적으로, 더 공정하게, 더 역동적으로 움직이게 하는 친시장정책이다", "자유롭고 경쟁적인 시장이 누구에게나 열려 있는 균등한 경제활동의 장, 즉 균등한 기회의 장이 되도록 국가가 역할을 해야 한다. 경제주체들 간의 거래 관계를 잘 규율해주는 법·제도적 기반을 제대로 조성해야 시장에서 효율성과 공평성이 살아날 수 있다"고 보았다.

나아가 정보통신기술ICT과 인공지능AI의 발전에 따라 경제활동에도 구조적인 변화가 일어나고 있다. 기존의 소유구조에서 공유소비구조로 패턴이 변화하고 있다. 이미 현실적이고 실용적인 생활경제의 패턴이 국경을 넘어 편리하고 저렴한 비용으로 수준 높은 서비스를 제공하는 공유경제로 확산되고 있다. 정치·경제적으로 불평등 완화에 대한 기대도 모이고 있다.

공유경제는 디지털 사회의 확산으로 공간, 물품, 정보, 재화, 지식, 기술, 서비스, 재능, 자금을 많은 사람이 함께 소비함으로써 사회경제적 이익과 가치를 공유하는 경제활동이다. 소유보다 공유의 가치를 존중하는 공유경제의 개념은 1984년 마틴 와이츠먼Martin L. Weitzman 교수가 도입한 이후, 2008년 로렌스 레식Lawrence Lessig 교수가 구체화했다. 소유구조로 인한 불평등이 심화되는 가운데 공유경제가 삶의 질을 향상시키도록 소유경제에서 공유소비경제로 경제 패턴 자체가 변화한 것이다.

공유경제의 영역을 열어가고 있는 대표적인 비즈니스 사례인 택시(우버), 주택(에어비앤비), 도서관(국민도서관), 지식공유, 각종 렌털 비즈니스, 일하는 공간 등 다양한 공유경제 플랫폼으로 급격히 확산되고 있다.

우리 사회에도 이들 공유경제의 사례가 이미 급속도로 퍼지고 있다. 수도권과 일부 지역에서 오피스텔, 아파트, 숙박시설 등을 저렴하게 임대해주는 에어비앤비Airbnb가 확산되고 있다. 지난 평창동계올림픽을 찾은 국내외 방문객들의 숙박시설에서도 활발한 공유소비가 각광을 받았다.

한편 노동시장의 불평등을 완화하기 위하여 노동통합적 관점에서 접근하고 있는 영역이 사회적 경제Social Economy이다. 장원봉 박사는 논문 〈새로운 고용전략으로서 사회적 경제: 노동통합 사회적 기업을 중심으로〉(《보건복지포럼》, 2008)에서 사회적 경제는 "시장부문과 공공부문 사이에서 양자를 통해 만족되지 못한 수요를 해결하기 위하여 재

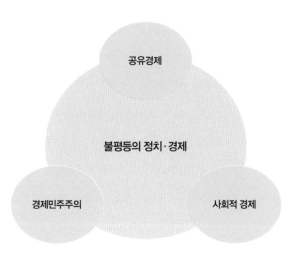

화와 서비스를 제공하는 경제활동 영역으로서 사회적 기업, 협동조합, 공제조합, 결사체의 성격을 가진 비영리조직, 그리고 재단 등을 포함하게 된다"라고 규정했다.

이런 점에서 사회적 경제는 노동시장으로부터 소외된 노동력과 취약계층에게 직업능력 개발, 업무 지원, 사업 실패와 성공 경험 등을 제공함으로써 고용 기회와 비즈니스 기회를 개발해주는 영역이다. 유럽(독일, 프랑스, 영국, 이탈리아, 네덜란드, 스웨덴 등)에서는 사회적 경제 영역을 통하여 소외된 취약계층에게 노동시장에 재진입하는 기회를 열어주고 있다.

우리 사회에서도 사회적 기업, 협동조합, 지역사회 기업, 사회복지, 보육, 환경, 간병, 보건, 벤처 등 다양한 방향으로 사회적 경제활동이 전개되고 있다.

지금까지 제기된 불평등의 실체에 대한 인식에는 논쟁의 여지가 많다. 민주적인 토론과 균형적인 사유를 통하여 앞으로 경제적 불평등과 사회적 격차의 갈등을 해소하는 실질적인 토론으로 발전되기를 기대한다.

3장
불평등의 지각변동

    불평등inequality이 어느 시대에나 지역 또는 영역에 국한되어 나타난 것은 아니다. 불평등에 대한 논의가 도덕성과 기회 균등을 기반으로 출범되었지만, 오늘날 불평등의 갈등은 경제, 사회, 정치적인 영역으로 확산되고 있다.

    흔히 불평등의 잣대를 주로 소득과 부의 분포 결과에 초점을 두는 경향이 있었다. 그러나 불평등과 격차가 심화될수록 기회, 성별, 교육, 지역, 건강, 진료, 정보 등 동기와 과정, 나아가 공정과 형평에 이르기까지 불평등 기준의 스펙트럼이 넓어지고 있다.

산업혁명 이후 불거진 불평등

불평등의 씨앗은 언제부터 자라기 시작했을까? 되짚어봐야 할 질문이다. 아마도 고대사회부터 원천적으로 불평등은 있었을 것이다. 타고난 신분, 신체조건, 지리적 조건, 자연조건에 의하여 개인이나 부족 또는 종족 사이에 빈부의 격차는 이미 존재했다.

그러나 불평등이 사회문제로 표출되기 시작한 시기는 18세기 산업혁명기였다. 불평등은 과거 왕조시대나 신분제 사회일 때 더 심각했을지 모른다. 당시에는 인식조차 할 수 없었지만, 산업혁명과 함께 민주주의 체제가 진행되면서 불평등 문제가 사회적 이슈로 표출되었다고 보아야 할 것이다.

산업혁명이 기계화를 통한 대량생산과 생산구조를 분업체제로 혁신하여 현대적 경제성장이 시작되면서 유럽과 북미에 거대한 부를 가져왔다. 산업혁명은 이들 국가 내에서 임금노동자 계층과 자본가 사이의 소득과 부의 불평등뿐 아니라 산업혁명이 일찍 전파되었던 영국의 맨체스터, 미국의 뉴욕과 시카고 등에 부가 집중되면서 산업혁명 후발 지역과의 격차를 심화시켰다. 영국은 이미 19세기 초 1인당 국내총생산GDP이 2,000달러 수준에 도달했고, 미국은 남북전쟁 때 영국 다음으로 1인당 GDP가 2,000달러대에 진입했다.

그 후 불평등은 국가 간 소득 격차로 번지기 시작했다. 산업혁명 후 벌어진 국가 내 불평등은 2차 세계대전을 거치면서 부국과 빈국의 국가 간 불평등으로 확산되었다. 1980년대 말 공산주의 몰락이 시작되고 경제적 글로벌화가 가속화되면서 글로벌 경제권의 가장 큰 변화는

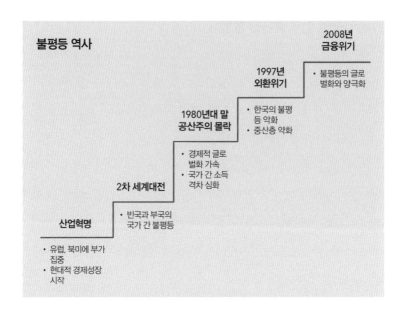

불평등 역사

산업혁명
• 유럽, 북미에 부가 집중
• 현대적 경제성장 시작

2차 세계대전
• 빈국과 부국의 국가 간 불평등

1980년대 말 공산주의 몰락
• 경제적 글로 벌화 가속
• 국가 간 소득 격차 심화

1997년 외환위기
• 한국의 불평 등 악화
• 중산층 약화

2008년 금융위기
• 불평등의 글로 벌화와 양극화

중국과 인도, 그리고 동구권과 아세안의 성장이었다.

그동안 소득불평등은 지각변동을 해왔다. 소득불평등은 임금, 일하는 시간, 생산성, 노동 형태, 기술 진보 등 복합적인 요인에 의하여 발생한다. 1970년대 말 혹은 1980년대 초부터 미국, 영국, 이스라엘에서 소득불평등 수준이 크게 올라가기 시작했다. 전통적으로 이타주의 국가였던 스웨덴, 덴마크, 독일에서는 과거 10년 동안 소득불평등 수준이 약간 올라간 정도였다. 반면 불평등 수준이 높았던 칠레, 멕시코, 터키, 그리스, 헝가리의 불평등은 상당히 줄어들었다. 일본, 프랑스, 스페인의 상위 10퍼센트의 소득불평등은 올라갔으나 하위 10퍼센트의 소득불평등은 내려갔다. 2008년 금융위기 이후 세계 경제의 대침체와 고용불안에 따른 실업률 상승으로 대부분의 국가에서 불평등은 악화되고 있다.

이제 불평등은 글로벌화되어 세계적으로 번지고 있는 추세다. 세계 70억 인구 중에서 55개 고소득 국가의 인구가 13억 명(약 18.5퍼센트)이고, 아프리카와 남아시아 등 36개 저소득 국가에도 10억 명(약 15퍼센트) 이상이 살고 있다. 더구나 하루 1.25달러 이하로 살아가는 10억 명으로 추산되는 인구가 절대빈곤의 덫에서 벗어나지 못하고 있다.[12]

선진경제권 중에서 소득불평등이 가장 심한 국가가 미국과 영국이다. 미국이 OECD 국가들 중에서 양극화가 가장 심하고, 그다음이 영국이다. 미국의 최근 상위 1퍼센트가 국민소득의 30퍼센트 이상을, 그중에서 최상위 0.1퍼센트가 국민소득의 10퍼센트 이상을 차지하고 있으며, 지난 20년 동안 중위 소득 수준은 거의 변하지 않았다. 소득의 불평등을 나타내는 지니계수도 미국은 0.45에 이른다. 반면 불평등 수준이 상대적으로 낮은 국가는 중산층이 넓은 스웨덴, 노르웨이, 덴마크로 지니계수도 약 0.25 수준에 머물러 있다.

불평등의 수렴 대 확산[13]

장기적으로 가난한 나라와 부유한 나라의 소득 격차가 더 좁혀졌을까, 더 벌어졌을까? 국가 간 소득 격차가 좁혀지고 불평등이 완화되는 상황은 수렴 현상inequality convergence이다. 반면 국가 간 소득 격차와 불평등이 악화되는 경우는 확산 현상inequality divergence이다. 가난한 국가들이 부유한 나라들을 추격하지 못하고 가난의 늪에 빠져 수렴의 사다리를 오르지 못한다면, 지구촌의 빈곤 문제 해결과 공동 번영의 미래는 기대하기 어려울 것이다.

세계 경제사에서 무역과 이민 등 인적, 물적 교역이 활발했던 개방기(1850~1914)에는 불평등이 수렴되는 추세를 보였다. 이민개방으로 저임금 국가에서 고임금 국가로 노동력이 이동하면서 국가 간 임금 격차와 생산요소 가격 격차, 나아가 상품 가격 격차가 줄어들면서 소득과 삶의 질적 수준까지 수렴이 파급되었다. 여기에 새로운 항로 개척과 철도 개설, 식품저장 기술 발전 등 운송·보관 수단의 발달로 지역 간 운송 비용 절감과 수송 시간 단축, 그리고 대량 보관과 저장이 가능해지면서 국제교역이 활발해지고 제품의 국제 가격이 하락했다. 예를 들면 공산품의 국제교역뿐 아니라 냉동보관 수송시설 개발로 농식품, 육류, 생선 등 다양한 제품의 대량 국제교역이 이뤄져서 지역 간 가격 격차가 줄어드는 가격 수렴이 일어나 국가 간 불평등도 수렴되었다.

그러나 이민규제가 이뤄지고 무역장벽을 치고 전쟁과 분열로 휩싸인 1, 2차 세계대전 기간의 개방 후퇴기에는 수렴의 추세가 꺾이고 국가 간 불평등이 확산되었다. 1914년에 발발된 1차 세계대전과 1939년에 시작된 2차 세계대전으로 인한 대규모 살상과 사회경제적 기반 붕괴, 1920년대 후반부터 1930년대에 걸쳐 세계 경제를 마비시킨 대공황으로 국가 간 불평등은 더 심화되었다. 게다가 미국과 유럽을 비롯한 국가들에 도입된 인적이동과 물적 교역에 대한 각종

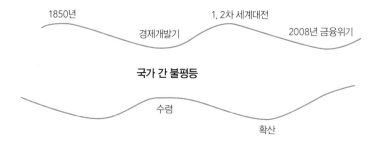

규제(이민 쿼터법Quota Acts, 자본이동 규제, 무역에 관세 부과 및 쿼터 규제, 환율 개입, 보호주의 등)로 개방경제의 물결과 국제적 경제협력이 뒷걸음쳤다. 1925년 발간된 스콧 피츠제럴드의 소설 《위대한 개츠비》는 이 시대를 배경으로 불평등과 격차로 인한 분노와 사랑을 담아냈으며, 영화로까지 제작되어 시대의 암울했던 사회상과 빈부 격차의 갈등을 잘 파헤쳤다.

2차 세계대전의 종결과 한국전쟁 이후 세계는 다시 개방과 협력의 시대로 접어들었다. 세계 경제의 전후 복구가 이뤄지고 세계 교역이 확대되어온 20세기 중반부터 21세기인 지금까지 일부 국가들(아프리카, 서남아시아, 일부 라틴아메리카 국가, 일부 남미 국가)을 제외하고는 대체로 수렴이 대세를 이루고 있다. 20세기 후반에 공산주의가 붕괴하면서 동유럽 국가들이 서유럽 경제권으로 편입되었고, 21세기에 접어들어 중국과 인도의 부상과 함께 아시아 국가들의 경제력이 향상되고 중동과 아프리카 국가들의 자원경제와 에너지경제의 잠재력이 살아나 국가 간 1인당 GDP 격차가 완화되어 불평등의 수렴 추세가 이뤄졌다.

생산성이 낮은 국가들은 앞서가는 국가들로부터 수입 대체와 기술 이전을 통하여 기술 격차를 추격해왔고, 기술 격차가 크면 클수록 더 빠른 속도로 수렴하기 위해 국제 무대로 진출했다. 여기에 글로벌화가 확산되면서 세계적으로 상품시장과 노동시장, 자본시장이 통합되고 있다. 나아가 정보통신기술을 융합한 디지털 사회 기반과 글로벌 환경의 다양한 가치는 경제를 넘어 지식, 기후, 문화, 기술, 정보, 데이터, 사물 등 지구촌의 삶과 생활을 초연결hyper connectivity 시대로 전환시키고 있다.

그럼에도 불구하고 아직도 전 세계 인구의 15퍼센트가 넘는 10억 명 이상이 저소득 혹은 빈곤 국가에서 벗어나지 못하고 있다. 한 국가 내에서의 절대적 불평등을 넘어 국가 간의 상대적 불평등 문제에 더 깊은 국제적 관심과 협력이 필요한 시대이다. 예를 들면 낮은 소득, 열악한 생활환경, 낮은 교육수준과 문맹 등 빈곤의 늪을 탈출하지 못하게 하는 장애물이 많이 남아 있다.

한편 20세기 중반 이후 국가 간 불평등이 수렴되어가는 모범적인 사례들도 있다. 중국은 1978년 개혁개방 이후 고속성장을 통해 경제 대국으로서 선진국들과의 소득 격차를 줄였다. 또한 아시아의 호랑이라고 불리는 한국, 싱가포르, 대만, 홍콩 역시 수출과 개방을 통해 선진국 경제권을 빠르게 추격해왔다.

종합해보면 세계사의 진화 과정에서 친親수렴과 반反수렴이 서로 충돌해왔지만, 20세기 중반 이후부터 대체로 수렴이 대세를 이끌어왔다고 볼 수 있다. 국가 간 불평등을 확산에서 수렴으로 전환시키는 데에는 누구도 부인할 수 없는 국제적인 공감대가 있었다. 상품 가격과 임금의 격차를 줄인 자유무역과 이민개방, 소득 격차를 좁히고 삶의 질을 높인 기술 추격과 인적자본의 개발과 축적, 그리고 지구촌 정보와 일류 보편적 가치를 함께 공유하고자 하는 노력이 전환기적 공감대였다.

4장
경제성장과 불평등은 충돌하는가?

　불평등의 역사는 산업혁명이 진행되어 현대적인 경제성장이 이뤄지면서 시작되었다. 지난 250여 년 동안 자본주의는 경제성장과 불평등의 불협화음 속에서 발전해왔다. 경제성장과 불평등은 서로 충돌하기도 했고 완충하기도 했다.

　하지만 최근 30년 동안 경제성장과 불평등 완화는 함께 가야 하는 숙명적 관계로 구조적 변화의 길을 걷고 있다. 전통적인 입장과 대안적인 발견을 통해 그 진상을 살펴볼 것이다.

경제가 발전하면 불평등은 개선된다?

불평등은 경제성장에 어떤 영향을 미칠까?(불평등 → 성장) 전통적 담론에 따르면, 불평등의 늪에서 벗어나기 위해 더 일해야겠다는 동기가 생기고 자본 축적이 촉진되는 효과가 있기 때문에 불평등을 통하여 경제가 성장해왔다는 것이다. 이유는 대규모 투자에는 엄청난 매몰 비용sunk cost이 발생할 수 있고, 어느 정도 부의 집중이 이뤄지지 않고서는 성장에 필요한 지속적인 투자를 할 자본의 축적이 어려워진다는 데 있다. 또한 생산성과 별개로 불평등을 해소하는 차원에서 임금을 지불하면 도덕적 해이에 빠질 수 있음을 경고하고 나섰다. 도덕적 해이를 차단하기 위하여 인센티브를 지급하면 임금불평등이 발생할 수 있지만, 임금불평등을 적극적인 일할 동기로 유인하면 된다는 것이다.

반대로 경제성장은 불평등에 어떤 효과를 미칠까?(성장 → 불평등) 소득불균형(지니계수)과 1인당 GDP 사이에 역U자형 관계를 발견한 쿠즈네츠 가설Kuznets hypothesis로 눈을 돌려보자. 쿠즈네츠는 다양한 실증분석을 통하여 1인당 소득이 낮은 수준에서는 불평등도 낮으나 소득이 증가하면서 불평등도 함께 올라가다가 소득이 높은 단계에 이르면 다시 불평등이 떨어지게 되는 역U자형 그래프를 발견했다.

경제발전 단계로 보면, 경제발전 초기 단계에서는 도시화와 산업화가 진전되면서 도시로 진출하여 산업 분야에 종사한 사람과 그렇지 못한 사람 사이의 소득불평등이 올라간다. 또 경제가 더욱 발전하여 지속적으로 노동력이 산업 분야로 유입되면서 소득과 생활수준

쿠즈네츠 역U자형 곡선

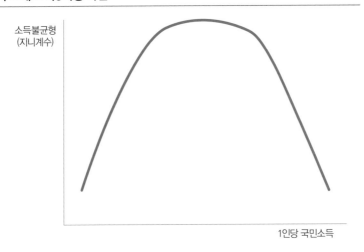

소득불균형
(지니계수)

1인당 국민소득

이 개선되면 불평등이 내려간다는 것이다. 이런 쿠즈네츠의 예측은
1970년대까지 국제적으로 폭넓은 호응을 받았다.

불평등이 심화될수록 경제는?

과연 경제성장과 불평등은 어떤 관계일까? 지난 20세기의 전통적
담론은 대체로 불평등이 경제를 성장시킨다고 보면서 성장의 중간 단
계까지는 불평등이 악화되다가 경제가 고도로 발전하면 불평등이 개
선된다는 입장이었다. 그러나 20세기 말에서 21세기로 접어들면서 경
제가 고도로 발전하면 불평등이 완화된다는 논리는 설득력을 얻기가
어려워졌다. 쿠즈네츠 역U자형 그래프의 오른쪽 날개가 설 땅을 잃게

된 것이다. 이미 경제발전이 높은 수준에 도달한 대부분의 선진경제국에서 최근 20~30년 동안 불평등이 오히려 악화되었다. 악화된 불평등이 성장을 방해하고 있다는 경고음이 울리고 있는 실정이다.

따라서 불평등 완화와 경제성장은 보완적이어야 한다는 반론이 대안적 발견의 핵심이다. 평등한 기회의 후퇴, 소득 계층의 고착화, 노동시장의 경직성, 자본시장의 불완전성, 숙련 편향적인 기술 변화 등이 존재하고 있는 현실에서 심화되고 있는 경제적 불평등, 사회적 격차, 양극화를 경시한 채 지속 가능한 성장을 이루기는 어렵다는 입장이다. 불평등 완화와 경제성장이 함께 가야 한다는 대안적 발견의 배경을 검토해보자.

첫째, 불평등 완화는 성장에 필요한 인적, 물적 자원을 활용할 기회를 높인다. 예를 들면 금융시장이 불평등하여 투자 기회를 위축시킨다면 좋은 투자 프로젝트와 벤처 사업을 창업하기 어렵다. 불평등과 양극화가 심화되어 소득이 집중되면 보편적인 소비의 기회가 줄게 되고 총수요도 위축된다. 또한 교육받을 기회가 경제적인 이유로 제약받음으로써 사회적으로 인적자본의 잠재력이 개발되지 못한다면, 경제·사회적 생산성은 떨어지게 될 것이다.

이런 점에서 불평등을 완화하여 투자 기회, 소비 기회, 교육 기회 등 범사회적인 기회의 지평을 넓히고 다양화하여 성장잠재력을 고도화해야 한다고 본다.

둘째, 불평등 완화는 사회 구성원들의 일하고자 하는 동기를 자극한다. 이 동기는 "나도 할 수 있다. 해보자"라는 희망과 긍정적인 성장에너지로 작용할 수 있다. 우리가 사용할 수 있는 자원은 한정돼 있고, 저출산과 고령화로 인적자본 또한 벽에 부딪히고 있다. 포기했거나 도덕적 해이와 소외감을 느끼는 계층에 사회참여의 동기를 불어넣음으로써 사회 총체적인 역량을 집결시키면 경제·사회적 역동성이 살아나고 분열과 갈등으로 인한 사회적 비용을 줄일 수 있을 것이다.

셋째, 불평등과 격차의 심화는 사회불안과 갈등, 부패와 경제 불안정으로 파급될 수 있다. 불평등의 덫은 2011년 가을 미국 월스트리트 시위Occupied Wall Street, 이집트와 튀니지에서 촉발된 중동의 봄Arab Spring, 지구촌을 위협하고 있는 IS 집단과 테러행위, 최근 영국을 유럽연합EU 탈퇴로 몰고 온 브렉시트 등 국제사회 불안의 요인으로 지목되고 있다.

넷째, 공정성과 사회 이동성 문제이다. 공정성이 단지 임금과 소득혹은 부에만 국한된 사안은 아니다. 사람들은 기계와 달리 열심히 일할 동기가 있어야 한다. 동기가 약해지면 생산성도 가라앉고 경제 활력도 사라지게 된다. 근대 경제학을 개척한 영국의 경제학자 알프레드 마셜Alfred Marshall은 "높은 임금을 받는 노동자는 효율적이므로 값비싼 노동자가 아니다"라는 주장을 폈다. 이것이 오늘날 효율임금이론efficiency wage theory의 단초가 되었다. 노동자들에게 정당한 임금을 지급해야 생산성을 높일 수 있다는 관점이다.

또한 불평등의 악화는 하위 계층에서 중간 계층, 나아가 상위 계층으로 이동할 기회를 어렵게 만들고 사회를 고착화한다. 불평등이 일정 수준을 넘어서면 기회의 불평등으로 변질될 수 있기 때문이다. 사회적 이동의 기회가 좁아지면 공동체의 분화로 이어져, 사회통합의 접착력을 약화시킬 수 있다.

다섯째, 불평등 완화는 궁극적으로 모두의 번영을 가져온다. 흔히 불평등의 피해를 하위 소득 계층으로 제한하며 과소평가하는 경향이 있다. 하위 소득 계층은 물론이고, 사회 피라미드의 상층부도 위태로워질 수 있다. 계층 간에 건실한 기반이 다져지지 않으면 상위 소득 계층도 불안정해진다. 돌이켜보면 헨리 포드Henry Ford가 제대로 된 임금을 지급하여 회사 노동자들이 자기가 만든 자동차를 사게 한 사례, 프랭클린 루스벨트Franklin Roosevelt 대통령과 경제학자 케인스John Keynes가 1930년대 대공황 때 공공투자를 늘리고 일자리를 만들어 소득불평등을 완화하고 대공황을 탈출했던 사례, 유럽을 시작으로 도입된 사회보장, 건강보험, 고용보험, 환경보호 등의 사회안전망을 확충한 사례는 불평등의 골을 생산적으로 메우기 위한 역사적 결단이었다. 따라서 불평등 완화는 사회 피라미드의 상층부로부터 하층부까지 모두의 번영을 가져오는 사회적 자본social capital의 확충으로 인식되어야 할 것이다.

5장
글로벌화가 불평등에 끼친 영향

　　지구촌이 한 울타리에서 소통하고 교류하는 글로벌 시대에 과연 불평등은 더 평탄해지고 있을까? 글로벌화는 국제적으로 인적, 물적 자원 및 서비스와 기술, 나아가 인문적 가치와 문화, 정보 등이 국경을 초월하여 자유롭게 교류되도록 빗장과 장벽을 허무는 세계 질서이다. 거슬러 올라가면 15세기 신대륙의 발견과 함께 새로운 항로가 개척되고 인적, 물적 교류가 시작되면서 국제교역의 통로는 이미 열리기 시작했다. 본격적으로 무역장벽이 허물어지고 인적이동의 규제가 풀리면서 자유무역과 이민의 역사적 관문이 열린 시기는 1870년대, 19세기 후반이었다. 그 후 글로벌화가 새로운 세계 질서로 확산된 계기는 교역의 장벽을 허물기 위한 우루과이라운드(1986년 9월)와 세계무역기구WTO의 출범(1995년 1월)이었다. 여기에 컴퓨터, 인터넷, 모바일 등 정보통신기술 발전과 디지털 사회로의 전환은 양과 질적인 측면에서 글로벌화를 확산, 심화시켰다. 오늘날 지구촌은 한 울타리 속에서 정보를 공유하고 교류하면서 초연결 사회로 발전하고 있다.

글로벌화가 국가 간 의존성을 심화시키고, 공유 영역을 넓히면서 불평등과 양극화에도 영향을 미쳤다. 글로벌화로 삶의 격차가 줄어들기도 했지만, 글로벌화가 확산되는 과정에서 경쟁에 뒤지거나 소외되어 격차가 벌어지면서 불평등을 악화시켰다는 비판도 거세게 일어나고 있다.

글로벌화가 진행될수록 국내경제는?

글로벌화가 한 국가 내에서 불평등에 어떤 영향을 끼쳤을까? 선진국과 개발도상국으로 나눠서 따져볼 필요가 있다. 글로벌화를 상품 교역과 인적 교류에 초점을 두고, 분석 편의상 (천연)자원이나 자본은 풍부하지만 노동력이 부족한 국가군(선진국)과 (천연)자원이나 자본은 부족하지만 노동력은 풍부한 국가군(개발도상국)으로 나눠 살펴보자.

헥셔와 올린Heckscher-Ohlin 교수는 각국이 상대적으로 풍부하게 보유하고 있는 생산요소를 집약적으로 사용하는 상품을 특화해서 생산하고, 그 상품을 국제적으로 교역하는 것이 각국에 유리하다는 국제적 분업론, 즉 국제적 특화론을 주창했다. 헥셔-올린의 예상대로 선진국은 개발도상국으로부터 노동집약적인 상품을 수입하고 자본 혹은 기술 집약적인 상품을 수출하는 대신, 부족한 노동력은 개발도상국의 저렴한 노동력, 즉 이민자들로 보충했다. 그 결과 선진국 본국의 숙련노동자들과 이민노동자들의 유입에 따른 비숙련노동자들의 임금 격차는 더 벌어지게 되므로 임금불평등, 나아가 소득불평등은 심화되었다. 여기에 선진국들의 기술 발전에 따른 숙련노동자들의 수요는 증가하는 대신, 임금이 낮은 이민노동자들이 선진국 본국의 비숙련노동자의 일자리를 대체하여 실업의 증가로 이어진다면, 숙련노동자들과 비숙련노동자들 간의 임금은 양극화될 수 있다. 이런 점에서 자원이나 자본이 풍부하지만 노동력이 부족한 국가들로부터 글로벌화가 임금 격차를 확대시켜 불평등과 양극화를 심화시켰다는 비판과 불만이 터져 나왔다.

반면에 자원이나 자본이 부족하고 노동력이 풍부한 개발도상국은 노동집약적인 상품을 수출하고 자본집약적인 상품은 수입하게 될 것이다. 노동집약적인 상품의 수출 증대로 노동의 수요가 전반적으로 증가하면서 개발도상국들의 임금소득도 올라가게 된다. 게다가 개발도상국은 해외 이민으로 인해 노동력이 밖으로 유출되면서 국내 노동 공급이 상대적으로 줄어들기 때문에 임금 상승을 더 부추길 가능성이 있다. 이런 점에서 개발도상국의 경우, 글로벌화로 인한 무역 증대는 노동집약적인 상품 수출과 해외 이민에 의한 노동력 유출로 국내 임금을 전반적으로 올리게 되어 임금 격차를 좁혔다는 점에서 글로벌화가 불평등과 양극화를 완화한 측면이 있다.

그러나 한 국가 내에서도 수출산업 대 비수출산업, 숙련노동자의 수요를 부추기는 기술 진보의 수준, 이민 및 해외 이주노동자의 유입 규모와 이로 인한 국내 실업 증가 등 다양한 요소가 복합적으로 작용한다. 그래서 글로벌화가 한 국가 내 불평등에 끼치는 효과는 무지개 빛깔처럼 다채롭다.

글로벌화가 진행될수록 국제경제는?

국가 간 장벽을 없앤 글로벌화는 불평등의 갈등을 국제적으로 파급시켰다. 3장에서 살펴본 바와 같이 무역자유화와 이민을 통한 국제 교역과 노동력의 국제적 이동이 활발했던 19세기 말부터 20세기 초, 그리고 20세기 후반 이후부터 21세기 초까지 대체로 국가 간 불평등이 수렴되고 있는 형국이 대세로 나타나고 있다. 글로벌화가 활발한 시기에는 국가 간 불평등이 좁혀지다가, 글로벌화가 후퇴하는 시기에는 국가 간 불평등이 벌어지는 양상이 세계사적 경험이었다.

글로벌화로 경제 교역, 정보와 문화 교류, 그리고 경쟁과 협력이 활발해지고, 중국과 인도를 축으로 하는 아시아 경제권의 부상으로 대서양 경제권과의 국가 간 임금 격차와 소득 격차가 좁혀져왔음은 부인할 수 없을 것이다. 아직도 빈곤의 늪에 빠진 아프리카와 서남아시아 일부 국가 등을 제외한다면, 글로벌화가 국가 간 불평등의 격차를 좁혀왔다고 인정해야 할 사례가 많다. 예컨대 중국과 인도는 물론 베트남, 인도네시아, 태국, 말레이시아 등 아세안 경제권, 그리고 독일 통일 이후 서구경제권으로 편입된 동구경제권의 유럽 및 미주 경제권과의 격차는 그 이전에 비하여 현저히 줄어들고 있다.

그러나 역류도 거세게 일고 있다. 지역별 무역장벽이나 신보호주의, 신기술 독점으로 인한 시장독점, 경제 대국과 소국 간의 불공정 통상 마찰, 거대 다국적기업의 급격한 자본 증가, 글로벌 스탠다드에서 밀려 난 국가들 간의 지정학적 위기와 분쟁 등 불평등 악화 요인들이 글로 벌화에 대한 반발과 장애물로 부상하고 있다. 글로벌화의 저항을 해 소할 국제적인 협력과 리더십이 절실하게 요구되는 시대가 오고 있다.

글로벌화의 반작용

최근 글로벌화에 대한 반작용이 거세다. 글로벌화가 심화되면서 지 식정보화와 디지털 사회의 확산과 함께 글로벌화의 가치가 삶의 질을 높이는 데 기여해왔음을 부인할 수 없을 것이다. 그러나 글로벌화 과 정에서 낙오되고 소외된 계층과 이득을 본 계층 간의 소득 격차와 국 가 간의 소득 격차가 벌어져서 글로벌화가 불평등을 초래했다는 비판 도 거세지고 있는 게 사실이다. 심지어 불평등을 넘어 분출되고 있는 양극화 현상은 글로벌 금융위기 직후 미국에서 "월가를 점령하라"라 는 시위로 이어졌다.

노벨 경제학상 수상자인 스티글리츠는 "글로벌화는 미국과 유럽 을 비롯한 많은 국가에서 불평등을 심화시키고 있다. 글로벌화가 개 선되지 않으면 보호주의나 주변국의 궁핍화 같은 위험을 초래할 수 있다"라고 경고한다. 글로벌화와 자유무역을 주도해온 미국이 트럼프 정부 출범 이후 "Buy America, Employ American"을 내건 아메리카 퍼스트America First, 자국우선주의에 기반을 둔 신보호주의 정책을 적극화하는 양상으로 치닫고 있다.

국제 자유 질서에 앞장서온 영국은 2016년 6월 23일 유럽연합 탈퇴, 즉 브렉시트를 51.9퍼센트의 득표율로 통과시켰다. 1958년 출범한 유럽경제공동체EEC에서 1973년 유럽공동체EC, 그리고 독일 통일 후 1993년 개편된 유럽연합EU은 현재 영국을 포함한 28개국 회원국으로 구성된 경제·사회·통화 통합체로서 글로벌화를 추진해온 구심체였다. 누적된 재정적자와 빈부 격차의 심화, 개혁 과정에서 소외되고 좌절된 계층의 분노, 그리고 외국인(이민자, 난민 등)에 대한 문호개방의 영국 일자리 잠식으로 인한 반글로벌화 정서의 표출이 브렉시트 결과로 이어졌다. 자유경제 질서와 개방화가 신보호주의와 국가주의에 의하여 심각한 도전을 받고 있다는 방증이다.

영국 사회연구조사기관 냇센NatCen의 연간 사회의식 조사 보고서에 의하면, 영국의 사회계층 격차가 심해진 것으로 나타났다. 조사(2015년 7~11월) 대상자(4,300여 명) 77퍼센트가 계층 격차가 매우 또는 상당히 심하다고 응답했다. 소득 계층에서도 40퍼센트가 중산층이라고 답변한 반면, 60퍼센트는 노동 계층이라고 답변했다. 중산층 위축 정서가 그대로 표출되었다. 사회적 계층이동이 어려워졌다는 반응도 73퍼센트나 되었다. 요컨대 사회계층 간 격차와 중산층 축소, 그리고 사회적 이동성 약화 등 불평등의 갈등이 사회의식으로 표출되었다.[14]

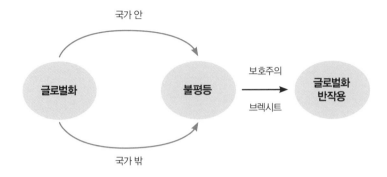

우리는 여기에서 최근 국제적으로 파고가 높아지고 있는 자유무역의 후퇴를 1930년대 세계 대공황기에 벌어진 보호무역의 역류와 함께 되짚어볼 필요가 있다. 1930년 미국은 스무트–홀리법Smoot-Hawley Tariff Act을 제정하여 2만 개 품목에 최고 59퍼센트의 관세율을 부과하는 보호무역에 나섰다. 미국의 보호무역에 대응하여 영국 등 유럽도 보복관세로 맞섰다. 그 결과 대공황기의 세계 교역량은 60퍼센트 이상 감소했고, 세계 GDP도 줄어들면서 미국의 실업률이 25퍼센트 수준을 기록했다. 세계 무역전쟁으로 대공황이 더욱 심화되고 장기화되면서 자본주의 경제의 대참사를 가져왔다.

최근 미국발 신보호주의에 대응하여 유럽연합, 중국, 캐나다 등에서 맞불 보호주의로 번지는 양상이 1930년대 대공황의 경제사적 반복으로 재현되지 않을까 심히 우려스럽다. 시장을 떠나 인위적인 국제교역의 빗장이 세계 경제를 마비시키고 후진시킨 역사적 시련을 반면교사로 꼽아야 할 것이다.

글로벌화는 거역할 수 없는 역사적 대세이다. 글로벌화로 표출된 문제점은 글로벌화의 틀 속에서 불평등의 갈등을 완화하기 위하여 국제적으로 협력과 공존의 조화를 찾도록 노력하지 않으면 안 된다. 그렇지 않으면 글로벌화의 반작용으로서 정치적 민족주의와 경제적 보호주의의 파고가 더 심해질 것이다.

불평등, 양극화, 사회적 이동

2부는 한국을 포함해 OECD 국가를 대상으로 통계적 실증을 거쳐 관찰한 불평등과 양극화 그리고 사회적 이동성 변화가 주된 화두다. 한국의 소득불평등은 OECD 국가의 중상위이지만, 소득 양극화는 상위 그룹에 속할 정도로 악화되고 있다. 소득불평등도 중요하지만 소비불평등도 매우 심각한 과제다. 소득·자산·소비·의료비·교육비·일자리 유형·세대 간 이동성을 자세하게 관찰해 분석해보았다.

6장
OECD 국가의 불평등

경제협력개발기구OECD는 자유시장 원칙을 존중하는 36개 회원국들이 경제성장과 교역 확대, 개발도상국 원조와 환경문제 등에서 국제적으로 협력하고 경제개발을 증진시키는 국제기구이다. 1948년 미국의 마셜 플랜의 지원을 받은 유럽경제협력기구OEEC에서 출발하여 1961년 18개 가맹국과 함께 미국, 캐나다가 합류해 OECD가 설립되었다. 한국은 1996년 12월 12일 회원국으로 가입했고, 독일 통일 이후 동구권 국가들인 체코, 헝가리, 폴란드, 슬로베니아, 에스토니아도 가입했다.

1980년도까지 OECD 회원국들의 고소득 계층의 비중은 대체로 10퍼센트에 훨씬 못 미쳤고, 소득불평등도 심하지 않았다. 두 번에 걸친 세계전쟁과 1930년대 대공황으로 인한 부의 손실, 그리고 2차 세계대전 이후 경제성장에 따른 전반적인 소득 증대로 소득불평등의 심각성은 표출되지 않았다.

그러나 지난 수십 년 동안 불평등의 요인은 달라졌고 악화되어왔다. 1980년대부터 여러 OECD 회원국은 소득세율 인하, 숙련 편향적인 기술 진보, 글로벌화로 인한 국제시장의 대형화, 성과와 연계된 인센티브 보수체계를 강화해왔다. 고소득자에 대한 세금 탈루나 조세회피를 줄이면서 기술 진보를 통한 생산성을 증대시키고, 인센티브를 기반으로 기업가 정신을 촉진한다는 적극적인 동기도 있었지만, 소득 집중도가 높아지고 노동시장의 불평등도 발생했다.

OECD 국가들은 경제 규모, 국민소득, 국제적인 기여 등 여러 측면에서 국제사회를 선도하는 그룹이다. 지난 20~30년 동안 이들 국가들의 불평등 추세를 점검해보는 것은 오늘날 글로벌화되고 있는 불평등과 양극화 문제를 진단하고, 그 해결점을 찾는 선례가 될 것이다.

소득 불평등 및 노동시장의 불평등

지난 20~30년 동안 OECD 국가들의 소득불평등은 심화되어왔다. 지니계수로 소득불평등을 측정한 결과를 보면, 1980년대 중반부터 지난 20~30년 동안 대부분 국가에서 소득불평등 수준이 올라갔다. 상위 소득 10퍼센트와 하위 소득 10퍼센트 간의 소득 격차가 벌어졌다. 예외적으로 소득불평등이 높은 국가였던 칠레, 터키, 멕시코의 소득불평등이 다소 내려간 반면, 소득불평등이 낮았던 스웨덴, 덴마크, 핀란드의 소득불평등은 다소 올라감으로써 불평등 정도가 수렴하는 양상을 보였다.

개인의 노동소득을 기초로 한 OECD 국가들의 불평등(지니계수)을 살펴보면, 다음과 같이 세 그룹으로 분류할 수 있다.

(1) 노동소득 불평등이 높은 국가: 브라질, 칠레, 터키, 멕시코, 미국, 영국, 포르투갈, 한국, 일본, 이스라엘 등
(2) 노동소득 불평등이 낮은 국가: 벨기에, 오스트리아, 네덜란드, 덴마크, 스웨덴, 노르웨이, 핀란드, 체코, 헝가리, 슬로바키아, 슬로베니아 등
(3) 노동소득 불평등이 중간인 나라: 독일, 프랑스, 아이슬란드, 스위스, 폴란드, 스페인, 캐나다, 뉴질랜드, 에스토니아 등

지난 수십 년 동안 OECD 국가들의 소득 증가분에서도 개인 혹은 가계 소득 증가분은 GDP 증가분에 못 미쳤다. 중산층의 소득 증가분은 GDP 증가분에는 못 미쳤지만, 하위 소득 계층의 소득 증가분을 앞섰기 때문에 하위 소득 계층의 소득 증가가 가장 뒤졌다. 그 결과 소득 계층 간 소득 격차가 벌어졌다. 이런 현상은 미국, 이스라엘, 핀란드, 스웨덴, 스페인에서 확연히 나타났다. 또한 미국, 영국, 캐나다, 오스트레일리아에서는 상위 1퍼센트가 국민소득의 20퍼센트 이상을 점하는 높은 소득집중도를 보였다.

노동시장의 불평등 정도는 임금 격차, 고용률, 남녀 임금 차이, 파트타임 고용 비율 등 다양한 측면에서 평가해볼 수 있었다. 임금 격차가 높은 국가군에는 이스라엘, 미국, 한국, 포르투갈, 독일이 속했다. 남녀 임금 차이는 한국, 네덜란드, 일본에서 컸다. 파트타임 고용 비율이 높은 나라는 네덜란드, 스위스, 오스트레일리아, 뉴질랜드, 아일랜드였다. 고용률이 낮은 국가는 터키, 칠레, 그리스, 헝가리, 이탈리아, 멕시코, 폴란드, 스페인인 반면, 고용률이 높은 국가는 덴마크, 노르웨이, 스웨덴, 핀란드, 스위스, 아이슬란드, 네덜란드, 뉴질랜드, 오스트레일리아였다.

여기에서 주목할 만한 부분이 있었다. 한국은 임금 격차와 남녀 임금 차이가 큰 국가로서 노동시장 불평등이 상대적으로 높게 평가되었다. 반면 북유럽 국가인 덴마크, 스웨덴, 노르웨이, 핀란드는 노동시장 불평등이 낮았고, 그 결과 소득불평등도 낮았다. OECD 국가 중 노동시장 불평등이 상대적으로 높은 국가들은 이로 인한 노동소득 불평등 증가와 소득 쏠림이 나타나서 양극화를 동시에 경험했다.

경제성장, 소득, 부의 불평등

쿠즈네츠의 역U자형 가설은 OECD 국가에게 어떻게 나타났을까? 1970년대까지 쿠즈네츠 가설은 대체로 현실적인 타당성을 인정받았지만, 그 이후 지난 수십 년간 쿠즈네츠 가설의 현실성은 퇴색했다. 21세기 OECD 국가들의 소득과 불평등(지니계수), 경제성장률과

1인당 소득과 소득불평등

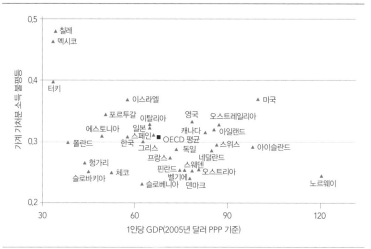

주: 가계 가처분소득의 불평등은 지니계수로 측정. 가처분소득의 지니계수 값은 2000년대 후반, 프랑스와 아일랜드는 2000년대 중반 데이터 재인용.
자료: OECD Income Distribution and Poverty Database and OECD Economic Outlook Database. 재인용: Hoeller, P. et al. (2012), "Less Income Inequality and More Growth – Are They Compatible? Part 1 및 Mapping Income Inequality Across the OECD", OECD Economics Department Working Papers, No. 924에서 인용, OECD Publishing.

불평등, 그리고 소득과 부의 불평등 간의 관계가 어떤지 짚어보자.

첫째, 소득(1인당 GDP)과 불평등(가계 가처분소득 지니계수) 간의 관계를 보자.[1] 소득수준과 불평등 사이에서 일관된 관계를 찾기는 어렵다. 노르웨이와 아이슬란드는 소득이 높고 불평등이 낮은 데 비해 미국은 소득과 함께 불평등도 높았다. 반면 칠레, 멕시코, 터키는 소득은 높지 않으나 불평등은 높았다. OECD 회원국으로 1990년대 후반 혹은 21세기에 가입한 구동구권 국가들은 소득과 불평등이 상대적으로 낮았다. 노르딕 국가들인 스웨덴, 덴마크, 핀란드의 불평등은 비교적 낮다.

이렇듯 소득이 높으면서도 불평등이 동반 상승하는 국가들도 있고, 불평등이 낮은 가운데 소득도 낮은 수준에 머무는 국가들도 있었다. 동구권 OECD 회원국인 폴란드, 헝가리, 체코, 슬로베니아에서는 경제개발과 더불어 소득이 증가하면서 불평등이 떨어지는 경제발전 초기 현상이 나타나고 있었다.

둘째, 경제성장률(1인당 GDP 증가율)과 불평등(가계 가처분소득 지니계수) 간의 관계 역시 OECD 회원국 사이에서 일관된 양상을 발견하기는 어렵다.[2] OECD 평균보다 불평등이 높으면서 성장률도 높은 국가, 즉 불평등과 성장률이 함께 가는 국가는 칠레, 이스라엘, 오스트리아 정도였다. 반면 OECD 평균보다 불평등은 높지만 경제성장률이 낮아서 불평등이 성장률에 걸림돌로 작용하는 국가는 선진국인 미국, 영국, 캐나다, 이탈리아, 일본이었다. 선진국권으로서 독일, 프랑스, 네덜란드의 불평등도는 상대적으로 높지 않았다.

대체로 선진국이든 개발도상국이든 불평등이 심해지면 경제성장은 떨어졌다. 이런 점에서 불평등 문제를 불평등의 틀에서만 볼 것이 아니라, 불평등 완화와 경제성장을 함께 해결해야 한다는 인식의 대전환이 필요하다.

셋째, OECD 국가의 임금소득(임금, 봉급), 자영소득 및 자본소득의 불평등 기여도를 각각 살펴보면[3] 임금소득이 전체 소득불평등의 주요 원인이었다(약 70퍼센트). 자본소득이 일반적으로 집중화되어 있지만, 전체 소득에서 평균적으로 차지하는 비중은 높지 않았다(7퍼센트

1인당 소득증가율과 소득불평등

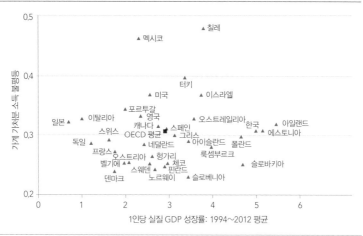

주: 가계 가처분소득의 불평등도는 지니계수로 측정 재인용.
자료: OECD Income Distribution and Poverty Database and OECD Economic Outlook Database. 재인용: Hoeller, P. et al. (2012), "Less Income Inequality and More Growth - Are They Compatible? Part 1 및 Mapping Income Inequality Across the OECD", OECD Economics Department Working Papers, No. 9224에서 인용, OECD Publishing.

이하). 임금소득의 불평등이 높은 국가는 에스토니아, 미국, 영국, 캐나다, 오스트레일리아, 이스라엘, 멕시코, 폴란드, 포르투갈이었다. 자영소득의 불평등이 높은 국가는 관광·음식업이 발달한 칠레, 이탈리아, 터키, 멕시코, 그리스, 아일랜드, 체코였다. 자본소득의 불평등은 아이슬란드, 뉴질랜드, 터키, 헝가리, 오스트레일리아, 네덜란드가 상대적으로 높았다.

소득 구성별 불평등도에서 보았듯이 상대적으로 소득불평등이 높은 국가군에서 칠레, 이탈리아, 터키는 자영소득 불평등이, 멕시코는 임금과 자영소득의 불평등이, 미국, 이스라엘, 영국, 오스트레일리아는 상대적으로 임금불평등이 악화된 소득불평등의 요인이었다.

넷째, 이제 보다 범위를 좁혀서 OECD 국가 중에서도 최선진국을 대상으로 부의 불평등을 살펴보자.[4] 부wealth 는 소득income보다 더 집중되고 대물림이 심하기 때문에 부의 불평등과 소득의 불평등은 서로 이질적이다. 소득불평등이 큰 사회라고 해서 반드시 부의 불평등이 크다고 할 수는 없다. 부를 측정하는 기준도 다양하다. 자본소득을 자산에 국한하는 좁은 의미의 부에서 미래 소득인 연금과 인적자본까지 포함하는 넓은 의미의 부도 있다. 국제적인 자료의 한계와 비교 가능한 자료를 활용하기 위해서 주로 선택하는 부의 측정은 자산(금융자산+비금융자산)에서 부채를 뺀 순자산net wealth을 말한다.

(임금)소득불평등(가처분소득 지니계수)과 부의 불평등(순자산 지니계수)의 관계를 살펴봤을 때 부의 불평등이 소득불평등보다 훨씬 높았다. 소득의 불평등이 낮은 스웨덴이 부의 불평등은 가장 높은 반면, 소득불평등이 비교적 높은 이탈리아가 부의 불평등은 낮았다. 미국은 소득과 부 양 측면에서 불평등이 높게 나타났다. 이탈리아, 핀란드, 영국은 부의 불평등은 상대적으로 낮았지만, 핀란드는 재산소득의 불평등이 가장 높았다.

임금소득·재산소득·부의 불평등을 종합해보면, 스웨덴과 이탈리아는 대조적이었다. 스웨덴은 (임금)소득불평등은 낮은 반면, 재산소득과 부의 불평등은 굉장히 높다. 그러나 이탈리아는 부의 불평등이 상대적으로 낮아도 임금소득과 재산소득의 불평등은 높았다. 핀란드는 임금소득과 부의 불평등이 높지 않았으나, 재산소득의 불평등은 가장 심했다. 미국의 경우 재산소득의 불평등보다는 임금소득과 부의 불평등이 매우 높았다. 상위 1퍼센트가 전체 부의 30퍼센트 이상을 차지할 정도로 미국에서 부의 집중도는 높았다. 1980년에 집중도가 8퍼센트 수준이었던 것에 비하면 엄청나게 올라간 수치였다. 다른 국가에서 상위 1퍼센트가 차지하는 부의 집중도는 대개 10~15퍼센트 수준이었다.

노동소득 분배

평균적으로 소득불평등의 약 70퍼센트는 노동소득 불평등에서 온다. 노동소득 불평등의 주된 요인은 전체 소득 중 노동소득 분배의 감소와 노동시장 불평등(임금 격차, 고용 구조, 숙련 대 비숙련, 정규직 대 비정규직, 남녀고용비율 등)이다.

먼저 전체 소득에서 차지하는 노동소득 분배 몫(노동소득분배율)을 들여다보자. 노동소득분배율은 생산에 대한 노동의 기여도로서 총생산(Y)에서 노동자들(L)에게 분배된 총임금(LW)과의 비율(LW/Y)을 말한다. 여기에서 임금상승률이 노동생산성 상승률보다 높(낮)게 되면, 노동분배율이 올라(내려)가게 된다. 임금이 노동생산성보다 더 빠르게 올라가게 되면 노동소득 분배 몫이 더 커지게 된다는 것이다.

노동소득 분배는 자본소득 분배와의 형평성 측면도 있지만 소비, 투자, 조세수입, 수출 등 국민경제의 전반적인 측면에서 짚어볼 필요가 있다. 노동소득 분배의 감소는 가계소비를 위축시켜 민간소비를 떨어뜨린다. 소비 감소는 기업들의 미래 수요에 부정적인 영향을 끼치므로 투자 감소로 이어져서 내수를 위축시킨다. 각국의 내수 위축이 국제적으로 확산되어 무역이 감소되면 수출 위축으로 번져서 결국 경제성장률이 내려간다. 이것이 바로 소득주도성장론의 논리이다.[5] 소득주도성장론은 포스트케인시언post Keynesian 관점에서 임금 인상을 통한 분배 개선이 경제성장을 이끌 수 있다고 본다(분배→총수요→자본 축적→성장).

여기에 대해서는 12장에서 다루겠지만, 임금 인상을 통한 소득주도성장의 성패는 결국 일자리와 생산성에 달려 있다. 임금 인상이 노동생산성의 상승으로 연결되지 않고 생산비 증가로 귀착된다면 오히려 일자리는 줄어든다. 소비와 투자의 총수요 증대 효과로 이어지기가 어려워진다. 이렇게 되면 분배를 통한 성장 유인 효과는 힘을 받지 못하고, 오히려 일자리 축소로 인하여 불평등이 악화될 수 있다.

이병희 박사가 추계한 우리나라의 노동소득 분배(LS2 보정 기준)에 의하면, 노동소득 분배율은 1970년대부터 2010년 전까지 70~80퍼센트였다. 금융위기 이후 실업률이 올라가고 임금소득이 정체되면서 2010년부터 60퍼센트대 후반 수준으로 내려갔다. 특히 21세기에 접어들어 우리나라 노동소득 분배율이 더 떨어지면서 내수가 감소하고 경제성장률도 내려갔다. 노동소득 분배율이 60퍼센트대로 떨어진 금융위기 이후부터 우리 경제가 저성장의 늪에 빠진 시기가 겹치고 있다는 점에 주목할 필요가 있다.[6]

노동소득 분배 감소가 경제성장에 부정적인 영향을 끼친다는 이유는 노동소득 불평등이 직접 가계소비를 위축시킬 뿐 아니라 정부지출을 늘려도 민간소비 지출로 이어지는 나비효과를 약화시켜 급기야 정부지출 증대가 소득을 증대시키는 효과, 즉 승수효과를 제약한다는 데 있다. 따라서 더 많은 부가가치가 노동소득으로 환류되도록 노동소득 분배 비중을 높임으로써 기업에 대한 상품 수요를 증대시키고, 그 결과 기업 투자도 증가하는 선순환을 가져온다는 것이 분배론자들의 입장이다.[7]

OECD 국가에서도 정도의 차이는 있지만, 노동소득 분배 감소와 소득불평등은 경제성장에 부정적인 영향을 끼치는 것으로 나타났다. 특히 소득불평등 정도(가처분소득으로 측정한 지니계수)가 일정 수준 (0.245) 이상이 되면 경제성장을 떨어뜨리는 것으로 나타났다.[8] 덴마크, 노르웨이를 제외한 대부분의 OECD 국가는 소득불평등이 높기 때문에 노동소득 분배 악화가 경제성장에 악영향을 끼치는 단계로 진입되었다. OECD 국가와 비교해볼 때, 우리나라 노동소득 분배율은 계속 하락해서 중하위권에 놓여 있었다.

요컨대 노동소득 분배의 기반은 임금과 생산성이다. 노동소득이 기업투자로 선순환되기 위해서는 생산성이 뒷받침되어야 한다. 지속적인 인력개발과 직업능력 보강, 기업의 기술혁신 투자, 그리고 노사협력의 문화를 함께 만들어갈 때 노동소득 분배는 성장으로 귀결될 수 있을 것이다.

7장
한국 경제성장과 소득불평등

한국의 경제성장과 소득불평등은 충돌해왔을까?

성장론자와 분배론자 사이의 논쟁이다. 경제성장과 소득불평등의 관계를 보는 전통적 입장과 대안적 발견은 대조적이었다. 전통적 입장은 불평등이 사회적으로 동기부여를 주고 자본 축적을 촉진시키는 효과가 있기 때문에 성장을 부추긴다는 입장이었다. 반면 불평등과 양극화를 낮춰야만 경제성장이 살아날 수 있다는 반론이 대안적 발견이었다.

1960년대 산업화와 더불어 경제발전을 지속해온 한국 경제에 있어서 경제성장과 소득불평등의 관계는 어땠을까?

산업화 이후 지금까지 세 기간(경제성장·불평등 동반 상승기, 경제성장

한국의 경제성장(1인당 GDP)과 소득불평등(지니계수)

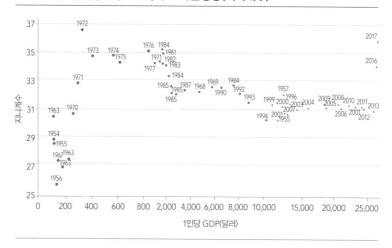

·불평등 조정기, 경제성장·불평등 악순환기)별로 뚜렷한 차이가 있었다. 1인당 소득이 1,000달러(1977)와 1만 달러(1994)에 도달한 시기는 경제성장과 소득불평등의 관계를 규정하는 변곡점이었다.

산업화 이후 50여 년간(1963~2017) 경제성장과 소득불평등의 관계에 대해 1인당 GDP와 소득불평등을 나타내는 지니계수의 관계를 주목할 만하다.

우리나라 지니계수는 통계청이 1990년부터 공식 발표하고 있다. 그 이전의 지니계수는 추정할 기초자료가 미비하기 때문에 여기에서는 룩셈부르크 소득조사데이터Luxembourg Income Study Data를 사용하여 추정된 지니계수를 사용했다.[9]

경제성장·불평등 동반 상승기

산업화 출범 이후 1960년대 중후반과 1970년대는 우리나라 경제의 고도성장기였다. 이 기간 동안 우리 경제는 최소 7.2퍼센트에서 최대 14.8퍼센트, 1인당 GDP도 1963년 67달러였던 것이 1976년에는 825달러로 12.3배 급성장했다. 1960~1970년대의 산업화·고도성장기는 오늘날 한국 경제가 세계 경제 10위권으로 부상하기 위한 인큐베이트 기간이었다고 평가할 만하다.

그러나 경제성장과 함께 초기에는 1966년까지 소득불평등이 내려가다가 1960년대 중반 이후 줄곧 소득이 올라가며 투자가 집중되고 임금 격차도 벌어지면서 소득불평등도 높아졌다. 산업화 이후 1970년대 중반(1963~1976), 1인당 GDP 1,000달러까지는 경제성장과 불평등이 동반 상승했다. 1인당 GDP가 1퍼센트 상승함에 따라 지니계수는 평균적으로 0.023 올라갔다. 쿠즈네츠 가설의 역U자형 곡선의 왼쪽 날개가 우리 경제에 나타난 시기였다.

경제성장·불평등 조정기

1980년대와 1990년대 초반은 한국 경제의 조정기였다. 산업화·고도성장기를 거쳐 1980년대에 접어들면서 정치적으로는 민주화에 대한 열망과 경제적으로는 안정과 분배에 대한 욕구가 분출되었다. 성장도 경제안정의 기조에서 조정기를 맞게 되었다.

1960~1970년대에 압축성장을 하면서 소득도 가파르게 올랐지

만, 소득불평등도 높아지고 물가도 상승하여 인플레이션에 시달리면서 경제·사회적으로 공정성과 경제안정에 대한 사회적 요구가 강했다. 1인당 GDP가 1977년 1,000달러(1,043달러)에서 1994년 1만 달러로 증가했다. 마이너스 성장을 기록한 1980년과 외환위기의 1998년을 제외하고는 지속적인 경제성장이 이뤄졌다. 1960년대와 1970년대 중반까지 성장과 불평등이 동반 상승한 시기에 비하면 경제성장이 낮아졌다.

경제성장이 조정국면에 들어가면서 물가도 진정되었다. 1988년 올림픽 개최를 계기로 사회안전망 구축이 확대되면서 1980년대와 1990년대 초중반까지는 소득불평등이 꾸준히 완화된 시기였다. 소득불평등(지니계수)은 1977년 0.341에서 1994년 0.301로 11.7퍼센트 낮아졌다. 1994년은 한국의 1인당 GDP가 1만 달러 수준으로 올라가면서 소득불평등이 가장 낮은 수준으로 내려간 변곡점이 되었던 해이다.

1970년대 후반부터 1990년대 초반까지는 경제성장과 불평등이 하향조정되었다. 1인당 GDP가 1퍼센트 증가함에 따라 지니계수는 평균적으로 0.011 하락했다. 쿠즈네츠 가설의 역U자형 곡선의 오른쪽 날개가 펼쳐져 지속적인 경제성장 속에 불평등이 완화되는 기간이었다.

따라서 1인당 GDP가 1,000달러에서 1만 달러로 올라간 기간(1977~1994)은 우리 경제가 성장을 이루면서도 불평등은 완화된, 성장·불평등 완화가 동행하는 시기였다.

경제성장·불평등 악순환기

한국 경제는 1994년 1인당 GDP가 1만 달러 문턱을 넘어서면서 1997년 외환위기를 겪었다. 21세기에 접어들면서 금융위기 이후 경제는 저성장에 빠졌는데 소득불평등은 오히려 악화되고 있다. 성장과 소득불평등이 함께 상승하거나 조정되었던 이전 시기와는 사뭇 다른 양상으로 번졌다. 외환위기 이후 경제성장이 둔화되다가 글로벌 금융위기를 거치면서 저성장의 늪에 빠졌다. 외환위기 이후 악화된 소득불평등은 별로 개선되지 못한 채 2015년 이후 더 악화되고 있다. 따라서 1995년 이후 성장과 불평등이 함께 악화되는, 경제성장과 불평등의 악순환기에 있다.

저성장이 지속되면 소득 정체, 일자리 유실, 실업 증가, 임금 격차 확대, 사회적 이동성 약화 등으로 인하여 소득불평등과 양극화도 심화될 수밖에 없다. 또한 소득불평등이 높아지면 경제성장과 경제 회생을 이끌 소비가 위축될 뿐 아니라 자녀에 대한 교육 투자와 창업 투자 등 미래 투자도 힘들어진다. 결국 불평등이 소비와 투자의 위축으로, 소비와 투자의 위축은 성장과 경제 회생을 방해하는 악순환으로 작용하게 된다.

산업화 이후 경제성장과 소득불평등

이제 1963년에 시작된 산업화 이후 50여 년 동안 한국의 경제성장과 소득불평등의 관계를 종합해보자.

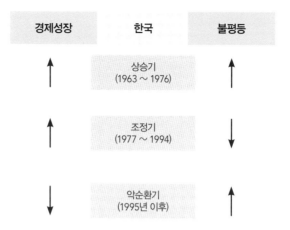

경제성장	한국	불평등
↑	상승기 (1963 ~ 1976)	↑
↑	조정기 (1977 ~ 1994)	↓
↓	악순환기 (1995년 이후)	↑

　산업화가 시작되면서 1963~1966년까지는 1인당 GDP가 증가하면서 소득불평등도 떨어지다가 1967~1976년까지 약 10년 동안 고도성장과 함께 1인당 GDP가 상승하면서 소득불평등도 올라갔다. 1977~1994년까지는 경제성장 조정기로서 1인당 GDP가 상승했는데도 소득불평등은 완화되었다.

　이런 점에서 1963년 1인당 GDP 67달러부터 1994년 1인당 GDP 1만 달러까지 30여 년 동안은 우리 경제에서도 쿠즈네츠 가설이 유효한 시기였다고 볼 수 있다.

　그러나 1990년대 중반 이후 20여 년 동안 선진경제권과 유사하게 한국도 1인당 GDP 상승과 함께 소득불평등이 다시 올라갔다. 구조적 변화였다. 그 이후 2006년에 1인당 GDP가 2만 달러에 진입했고, 이제 3만 달러에 접어들면서 2015년 이후 소득불평등은 더 악화되고 있다.

최근 30년 동안의 변화

최근 30년 동안 경제성장(률)과 소득불평등의 관계에도 근본적인 변화가 일어났다. 1990년대 중후반 아시아에 불어닥친 외환위기와 2008년에 발생한 글로벌 금융위기는 세계 경제성장 구조를 저성장의 늪으로 몰아넣었고 사회적 불평등을 심화시켰다. 한국도 예외가 아니었다. 성장 둔화가 저성장으로 이어지면서 임금과 소득의 격차가 더 벌어지고 중산층이 얇아지는 대신 저소득층과 고소득층의 비중은 늘어났다. 게다가 최고 소득 계층이 차지하는 소득 비중과 소득집중도가 높아져서 양극화로 빠져들었다.

최근 30년 동안 한국의 경제성장률과 소득불평등, 소득집중도 사이에도 구조적인 변화가 있었다. 먼저 1990년 이후 경제성장률과 소득불평등 간의 관계이다. GDP 성장률과 소득불평등 지수인 지니계수 사이에서 우하향하는 음(-)의 관계로 관찰되었다. 1990년 이후 30년 동안 경제성장률과 소득불평등 간의 연관성을 상관계수로 측정해보았다. -0.5470으로 음(-)의 상관도가 비교적 높았다.

이 결과는 지난 30년 동안 우리나라의 성장률과 소득불평등 사이에서 그 이전 시기와는 다른 구조적인 변화였다. 다시 말하면 경제성장과 불평등 완화가 함께 가야 하는 보완관계로 변화하고 있다는 점이다. 더는 성장이냐, 불평등 완화냐 하는 선택의 문제가 아니다. 성장과 불평등 완화라는 두 달걀을 한 광주리 속에 담고 함께 풀지 않으면 저성장과 불평등의 늪에서 헤어나기 어려워졌다. 경제성장률이 떨어지면 오히려 소득불평등이 올라가고, 소득불평등이 악화되면 경제성

한국의 경제성장률과 소득불평등

장률이 다시 떨어지는 악순환에 빠질 수 있다. 특히 2015년 이후 우리 경제가 저성장이 지속되고 있는데도 소득불평등은 더 악화되고 있음을 위의 그림 왼쪽 상단에서 확인할 수 있다.

최근 로렌스 서머스Lawrence Summers 교수도 "세계 경제의 장기침체와 저성장 구조의 주된 요인이 소득불평등에 있음"을 지적하고 나섰다. 앞으로 우리 경제에는 경제성장과 소득불평등 완화를 상충적으로 보지 말고 상호 보완적으로 생각하는 정책의 대전환이 필요하다.

다음으로 1990년 이후 우리나라 경제성장(률)과 소득집중도 간의 관계를 보자. 우리나라 경제성장률과 소득집중도를 보여주는 소득 5분위 배율(상위 20퍼센트 소득/하위 20퍼센트 소득) 간의 관계를 점검했을 때 음(-)의 관계로 발견되었다. 경제성장이 올라가 전체 파이가 커지게 되면 하위 소득 계층에도 커진 파이가 분배되므로 5분위 배율은 낮아져서 소득집중도가 개선되었다. 반면 성장이 둔화되고 저성장에 빠지면 전체 파이도 작아질 뿐 아니라 하위 소득 계층이 실직과 임금 정체 등 상대적으로 피해를 보기 때문에 5분위 배율이 올라가서 소득집중도가 악화된다.

경제성장률이 저성장으로 악화되자 소득집중이 더 심화되는 상황이 2015년 이후부터 관찰되고 있다. 따라서 우리 경제에서 경제성장과 소득불평등 완화, 그리고 경제성장과 소득집중도 완화는 함께 풀어야 할 동반 과제이다.

8장
한국의 소득불평등

　2차 세계대전 이후 한국은 가난과 역경, 6·25전쟁의 시련을 겪고 경제성장과 민주화를 거쳐 세계 10위권의 경제 대국으로 발전해왔다. 해방 이후 산업화와 민주화, 글로벌화와 디지털·정보화의 역사적인 대변혁을 이뤄왔다. 6·25전쟁이 휴전되던 1953년 1인당 GDP가 67달러였고, 이후 1954~2017년까지 연평균 6.4퍼센트의 가파른 경제성장을 해왔다. 1인당 GDP는 1994년에는 1만 달러로, 2006년에는 2만 달러로 증가하면서 이제 1인당 GDP가 3만 달러에 도달하고 있다.

　되돌아보면 소득수준이 낮은 단계에서는 불평등이 이슈가 되지 못했다. 소득의 격차도 작았을 뿐 아니라 삶의 수준도 별 차이가 없었고 사회적으로 공동체의 상부상조하는 정신이 확산되어 있었기 때문이다. 하지만 나무가 크게 자라면 그늘이 넓어지듯이 경제성장으로 소득이 증가하면 성장의 파이에 대한 분배 문제로 인하여 불평등이 불거지게 마련이다.

우리나라는 압축성장과 글로벌화 속에서 경제발전을 이룩한 만큼 그 이면에는 불평등이란 그늘이 드리워지지 않을 수 없었다. 지난 20~30년 동안 지구촌 대부분의 지역에서 대체로 불평등은 높아졌다. 여기에서는 한국의 불평등 문제를 소득불평등, 소득 격차, 소득 계층, 임금 격차 등 다양한 측면에서 관찰할 것이다.

한국 소득불평등의 지형

한국 소득불평등의 지형은 어떨까? 한국의 소득불평등(가처분소득 기준 지니계수)은 1990년대 초까지 개선되다가 1990년대 중반, 특히 외환위기를 거치면서 악화되었고(통계청 가계동향조사), 글로벌 금융위기 이후 다소 개선되다가 2016년부터는 2008년 금융위기 때보다 더 악화된 것으로 관찰되었다. 1인 이상 전체 가구(2006년부터 조사)의 소득불평등은 10여 년 동안 개선되지 않고 악화되어왔다. 그림과 같이 1인 이상 전체 가구의 소득불평등은 시장소득 기준 2006년 0.323에서 2017년 0.360으로, 가처분소득 기준 2006년 0.297에서 2017년 0.312로 올라갔다.

특히 최근 전체 가구에서 관찰되고 있는 것은 소득불평등의 가파

한국의 지니계수(1인 이상 전체 가구)

주: 1) 균등화소득(해당 소득을 가구원 수의 제곱근으로 나눈 값)으로 분석. 2) 가중치 적용.

른 반전기류이다. 최근 3년 반 동안 분기별 소득불평등 추이에서 전년 동기 대비 소득불평등이 모든 분기에서 악화되고 있음이 감지되었다. 더 우려스러운 것은 2018년에 들어서 소득불평등 악화가 두드러지고 있는 점이다. 이유는 상위 소득 계층에서는 소득이 증가한 반면, 그 외의 소득 계층에서는 소득이 감소했기 때문이다. 또한 고용시장 악화의 충격이 저소득층과 자영업자에게 집중된 데도 원인이 있다.

한편 2인 이상 도시가구(1인 가구 및 농어민·비도시 제외)의 소득불평등도 비슷하게 진단되었다. 2인 이상 도시가구(1990년부터 조사)의 시장소득 기준 소득불평등을 분석한 결과, 1990년 0.266에서 2017년 0.336으로 높아졌다. 가처분소득 기준 소득불평등도 1990년 0.256에서 2017년 0.296으로 높아진 것으로 나타났다. 소득불평등이 시장소득과 가처분소득 기준 모두 외환위기와 금융위기 때보다

한국의 소득불평등

- 1990년대 초반까지 소득불평등 개선
- 1990년 중반(1994)부터 소득불평등 악화
- 2015년 이후 소득불평등 심화 → 저소득층 소득 감소(전년 동기 대비)
  (1인 이상 전체 가구, 2인 이상 도시가구 대상)

악화되었다. 1인 이상 전체 가구와 마찬가지로 2인 이상 도시가구에서도 2015년 이후 소득불평등 악화가 눈에 띈다. 최근 3년 반 동안 분기별 소득불평등도 계속 악화되었고, 2018년도에는 소득불평등 악화의 골이 더 깊어진 것으로 관찰되었다.

비교해보면 1인 이상 전체 가구의 소득불평등이 2인 이상 도시가구보다 심했다. 이유는 독신자와 1인 노인가구의 소득불평등이 훨씬 높기 때문이다. OECD 국가 중 가장 심한 한국 노년층의 빈곤율은 노년층뿐 아니라 전체 소득불평등을 악화시키는 요인이 되고 있다.

소득 계층별 소득 변화

소득불평등은 소득 계층별 소득 변화에 민감하다. 소득 10분위 계층별로 월평균 가처분소득의 변화를 진단해본 결과, 계층별 소득 변화의 격차가 심했다.

2006~2017년까지 10여 년 동안 1인 이상 전체 가구 중 상위 소득 계층인 8, 9, 10분위 계층의 소득 증가율은 전 소득 계층의 평균소득 증가율보다 높았으나, 다른 소득 계층의 소득 증가율은 여기에 훨

소득 10분위별 가처분소득 변화(1인 이상 전체 가구)

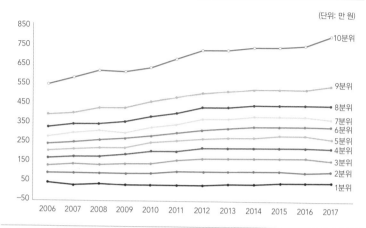

(단위: 만 원)

주: 1) 전년 동기 대비 증감율. 2) 가중치 적용 3) 조사소득 기준 가구 가처분소득으로 산출. 4) 소득분위 구분은 균등화 가처분소득으로 하되 10개 구간으로 구분(최고 10퍼센트는 10분위, 최저 10퍼센트는 1분위). 5) 1인 이상 전체 가구(농어민 제외) 대상.

썬 못 미쳤다. 게다가 지난 10년 동안 저소득층인 1분위는 7.5퍼센트, 2분위는 10퍼센트, 3분위는 19퍼센트의 저조한 소득 증가에 머물렀다. 위의 그림을 보면 가처분소득의 연평균 증가율 역시 소득 계층이 올라갈수록 가파른 반면, 1분위의 평균 증가율이 가장 낮았다.

최근 2016년과 2017년 분위별 소득 변화의 격차는 놀랍다. 저소득층인 1, 2, 3분위의 2016년 월평균 가처분소득은 전년에 비해 동시에 감소했다. 2017년에는 상위 20퍼센트 소득 계층인 9분위와 10분위를 제외한 다른 소득 계층, 즉 저소득층과 중산층으로 소득 감소의 파장이 확장됐다. 이것은 소득 5분위별 월평균 가처분소득 변화에서도 확인되었다.

소득 5분위별 가처분소득 분기 증감율(1인 이상 전체 가구)

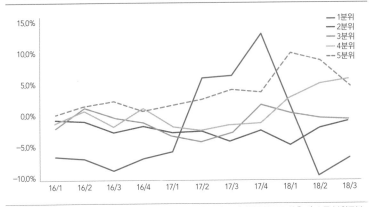

주: 1) 전년 동기 대비 증감율. 2) 가중치 적용. 3) 조사소득 기준 가구 가처분소득으로 산출. 4) 소득 분위구분
은 균등화 가처분소득으로 하되 5개 구간으로 구분(최고 20%는 5분위, 최저 20%는 1분위).

또한 분석 결과 2인 이상 도시가구의 소득 계층도 비슷한 소득 변화를 보였다. 경기 하강과 고용 악화로 자영업 위축과 일자리 축소의 충격이 저소득층과 중산층에 집중되었기 때문이다. 이렇듯 계층별 소득 변화의 격차가 2016년부터 소득불평등이 더 악화된 요인으로 작용했다. 저소득층일수록 경제위기 시 소득 감소의 위험도가 커서 상대적으로 소득 피해 정도가 심했던 것으로 나타났다. 경제위기였던 외환위기와 금융위기 때 중산층 이하일수록 소득 감소율이 컸던 상황과 비견된다.

2015년 이후 1인 이상 전체 가구의 소득 계층별 소득 변화를 분기별로 들여다보자. 위의 그림에서 소득 계층의 10분위 분기별 소득 변화율이 확인해주는 것처럼, 특히 2018년에 접어들어 1분기와 2분기 연속 하위 소득 40퍼센트 계층의 소득이 동반 하락했다. 상위 소득 계층의 소득은 큰 폭으로 증가한 반면, 하위 소득 계층의 소득은 큰 폭으로 하락했다. 소득 변화의 비대칭적인 격차였다. 그 결과 2018년 1분기에서 3분기까지 공히 상위 소득 20퍼센트 계층을 제외한 저소득층과 중산층의 소득이 3년 전 같은 분기였던 2015년 1분기와 2분기 소득수준을 각각 회복하지 못한 것으로 관찰되었다. 또한 소득 계층의 5분위 분기별 소득 변화율에서도 동일한 결과를 확인할 수 있을 것이다.

실업의 소득불평등 파급

일자리는 소득의 원천이기 때문에 실업자 변화가 소득불평등에 미치는 파급효과는 중요한 관심사이다. 특히 최근에 고용시장이 악화되어 실업이 늘어나면서 소득불평등이 올라가고 있다. 실업자 수 변화에 따라 소득불평등(지니계수)이 얼마나 민감한지를 진단해본 결과, 최근 2016부터 매우 민감하게 영향을 받은 것으로 나타났다.

실업자 수가 1퍼센트 올라가면 소득불평등이 2016년에는 0.717퍼센트(시장소득 기준)와 0.661퍼센트(가처분소득 기준), 2017년에는 0.940퍼센트(시장소득 기준)와 0.878퍼센트(가처분소득 기준)로 올라간 것으로 관찰되었다. 분기별로도 소득불평등을 나타내는 지니계수와 실업률의 동행성이 뚜렷했다. 따라서 2016년부터 소득불평등이 더 악화된 기저에는 고용 악화와 일자리 축소에 따른 실업 증가, 특히 저소득층의 실업 증가로 인한 소득 불안정과 소득 감소가 주된 요인으로 작용했다고 볼 수 있다.

소득 계층별 소득 쏠림 현상

소득 계층별 소득 쏠림은 어느 정도일까? 중산층과 저소득층이 촉각을 세우는 대목이다. 소득불평등을 측정하는 지니계수는 공정한 소득 분포로부터 실제 소득이 얼마나 벗어나 있는지 정도를 나타내는 지수이다. 지니계수는 상대적인 소득불평등을 나타내므로 소득이 계층별로 얼마나 절대적인 차이, 즉 격차가 있는지는 보여주지 못한다. 이제 실제로 소득이 계층별로 얼마나 격차가 벌어져 있고 쏠림이 있는지, 상위 계층 소득과 하위 계층 소득의 비율인 배율로써 소득 격차를 관찰해보자.

먼저 1인 이상 전체 가구의 가처분소득을 최상위 소득 계층에서 최하위 소득 계층까지 다섯 개 계층(5개 분위) 또는 열 개 계층(10개 분위)으로 나눠 소득 격차를 진단하자.

소득이 가장 높은 분위(5분위: 상위 20퍼센트)에서 가장 낮은 분위(1분위: 하위 20퍼센트)를 다섯 계층으로 나눠서 상위 20퍼센트(5분위) 계층의 소득이 하위 20퍼센트(1분위) 계층의 소득보다 얼마나 많은지를 나타내는 배수가 소득 5분위 배율이다. 또한 소득을 열 개 계층으로 구분하여 소득이 가장 높은 10분위(상위 10퍼센트) 소득이 가장 소득이 낮은 1분위(하위 10퍼센트) 소득의 몇 배나 되는지가 10분위 배율이다. 5분위 배율은 소득 상위 20퍼센트 대 소득 하위 20퍼센트 사이의 소득 격차, 10분위 배율은 소득 상위 10퍼센트 대 소득 하위 10퍼센트 사이의 소득 격차를 측정하는 대표적인 지표이다.

최근 10여 년 동안 5분위 배율은 6~7배, 10분위 배율은 11~14배

소득 5분위 및 10분위 배율(1인 이상 전체 가구)

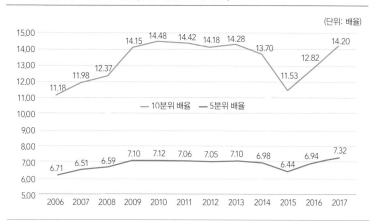

주: 1) 균등화 가처분소득(해당 소득을 가구원 수의 제곱근으로 나눈 값)으로 분석. 2) 가중치 적용. 3) 1인 이상 전체 가구(농어민 제외) 대상.

에 머물렀다. 글로벌 금융위기 때 5분위 배율은 7배, 10분위 배율은 14배까지 치솟은 후 2015년까지 다소 하락했으나, 2016년부터 악화되었다. 2017년에는 금융위기 수준으로 다시 악화되어 소득 격차와 양극화가 심화된 것으로 관찰되었다.

특히 최근 3년 반 동안 분기별 5분위, 10분위 배율도 계속 악화되었다. 전년 동기 대비 모든 분기에서 5분위 배율과 10분위 배율이 동반 악화되었다. 2018년에는 5분위 배율과 10분위 배율의 악화가 두드러지게 나타났다. 소득 5분위 배율에 비해 소득 10분위 배율이 훨씬 높고 변동성도 컸다.

이유는 상위 소득 10퍼센트와 하위 소득 10퍼센트 사이의 소득 격차가 상위 소득 20퍼센트와 하위 소득 20퍼센트 사이의 소득 격차보

한국의 소득 격차

- 5분위 배율, 10분위 배율 → 글로벌 금융위기까지 상승 → 금융위기 이후 다소 하락
  → 2016년부터 다시 상승
- 2017년 5분위 배율 약 7배, 10분위 배율 약 13배로 상승

다 더 많이 벌어졌기 때문이다. 상위 소득 계층과 하위 소득 계층 사이의 양극화가 심화되고 있다는 증거이다.

우리나라 소득 5분위 배율은 OECD 국가 중 상위권에 속한다. 소득불평등 순위와 비슷하게 소득 5분위 배율도 멕시코, 미국, 터키, 이스라엘, 그리스, 스페인이 높고 스칸디나비아 국가들과 동유럽 국가들은 낮다.

OECD 국가의 경험상 소득불평등 순위와 소득 5분위 배율 순위 간에는 상관관계가 높고, 대체로 순위가 서로 비슷하다. 하지만 국가별로 들여다보면 소득불평등이 소득집중을 부추기고, 나아가 소득집중이 소득불평등을 악화시키는 악순환의 사회가 있는 반면, 소득불평등과 소득집중도가 함께 완화되는 선순환의 사회도 있었다. 따라서 소득불평등과 소득집중을 동시에 완화하려면 중산층 벨트를 두껍게 해야 한다. 또한 저소득층이 상향으로 소득 계층 이동을 할 수 있도록 직업능력 교육을 강화하여 생산성을 높이고, 일자리를 늘려야 한다. 고용률을 올려서 소득이 증가하도록 하고 저소득층의 사회적 이동을 적극적으로 유인해야 할 것이다.

최상위 소득은 얼마나 집중되었나?

최상위 소득은 얼마나 집중되어왔을까? 선진국 중 최상위 소득 계층의 소득집중도에서 미국이 가장 높았고, 그다음 그룹에 영국, 일본, 독일, 프랑스가 속했다. 스웨덴은 이 국가들보다 최상위 소득집중도에서도 상대적으로 낮았다.

한국은 최상위 소득집중도가 선진국 수준으로 높았다. 특히 상위 10퍼센트와 1퍼센트의 소득집중도에서 높았다. 상위 10퍼센트가 전체 소득의 40퍼센트를 넘게 차지했고, 그중에서도 상위 1퍼센트가 14.2퍼센트, 상위 0.1퍼센트가 약 4.5퍼센트 전체 소득을 점하고 있었다('세계 부와 소득 데이터베이스The World Wealth and Income Database' 기준).

위의 6개 선진국 중에서 한국은 상위 소득집중도가 매우 가파른 속도로 증가해온 국가로 꼽힌다. 1995~2012년까지 한국의 상위 소득집중도는 상위 10퍼센트가 1.53배, 상위 5퍼센트가 1.57배, 상위 1퍼센트가 1.78배, 상위 0.1퍼센트가 2.22배에 이를 정도로 급격히 증가했다. 그 증가 속도와 배수는 최상위 소득 계층으로 갈수록 증가폭이 컸고, 연평균 약 13퍼센트 소득집중도가 올라갔다.

따라서 한국의 소득불평등은 유럽과 선진국의 중간 수준이나 소득집중도, 특히 최상위 소득집중도는 주요 선진국 수준이며, 가파른 증가세를 보임으로써 소득 양극화가 빠르게 진행되어왔음이 관찰되었다.

소득 계층의 분포와 상대적 빈곤율

소득 계층 비중

고소득층, 중산층, 저소득층의 소득 계층 피라미드는 어떻게 변화해왔을까? 소득 계층은 저소득층(중위 소득의 50퍼센트 미만 소득층), 중간소득층(중위 소득의 50~150퍼센트 미만 소득층), 고소득층(중위 소득의 150퍼센트 이상 소득층)으로 나뉜다.

1인 이상 전체 가구와 2인 이상 도시가구의 가처분소득을 기준으로 관찰한 소득 계층 비중은 뚜렷한 변화를 보였다. 중간소득층(중산층)이 얇아지는 대신 고소득층과 저소득층이 늘었다. 2인 이상 도시가구에서 중산층 비중은 1990년대 초중반 외환위기 전까지 대체로 70퍼센트 이상 유지되었으나, 외환위기 이후 60퍼센트대로 하락하여 2017년에는 64.9퍼센트 수준으로 내려갔다. 반면 저소득층 비중은 외환위기 전까지 7~8퍼센트 수준에서 외환위기 이후 계속 올라가 금융위기 때인 2008년에는 13.6퍼센트, 2017년에는 13.8퍼센트로 올라갔다. 한편 고소득층 비중은 외환위기 전까지 17퍼센트 내외 수준이었으나, 상승하여 금융위기가 시작된 2008년에는 21.9퍼센트까지 치솟았고 2017년에는 21.2퍼센트 수준이었다.

1인 이상 전체 가구에서는 중산층 비중이 더 많이 줄어서 2017년 58.2퍼센트로 떨어진 반면, 고소득층 비중은 22.8퍼센트, 저소득층 비중은 19.1퍼센트까지 늘었다. 1인 이상 전체 가구의 소득 계층 변화가 2인 이상 도시가구의 소득 계층 변화를 앞질렀다. 독신가구와 소

		1990년대	외환위기	금융위기	2017년
소득 계층 비율 (2인 이상 도시가구)	고소득층	17.9%	20.6%	21.9%	21.2%
	중산층	74.8%	67.0%	64.5%	64.9%
	저소득층	7.3%	12.4%	13.6%	13.8%

득이 낮은 1인 노인가구가 1인 이상 전체 가구에는 포함되므로 저소 득층 비중(19.1퍼센트)이 2인 이상 도시가구의 저소득층 비중(13.8퍼센트)보다 상당히 높다.

종합해보면 가처분소득 기준으로 우리나라 중산층 비중은 10퍼센트 이상 줄어든 반면, 저소득층 비중은 6퍼센트 이상, 고소득층 비중은 4퍼센트 이상 늘어났다. 중산층이 줄어든 만큼 저소득층과 고소득층이 늘어난 것이다. 따라서 1990년 이후 소득 계층의 상향이동보다는 하향이동이 더 많았고, 중산층 벨트가 얇아졌다. 소득 계층의 하향이동이 두드러진 것이다. 특히 2015년 이후 중산층이 줄어들면서 고소득층과 저소득층으로 소득 계층의 양극화 이동이 컸던 것으로 관찰되었다.

상대적 빈곤율

왜 상대적 빈곤율(저소득층 비율), 특히 노인 빈곤율에 주목하지 않으면 안 될까? 앞에서 측정한 세 계층 중 중위 소득의 50퍼센트 미만에 속하는 저소득층 비중을 상대적 빈곤율이라고 한다. OECD 국가

상대적 빈곤율

- OECD 회원국 중 상위 수준
- 2017년 상대적 빈곤율 19.1퍼센트(전체 가구)
- 노인가구 상대적 빈곤율(2017년 48.1퍼센트) → OECD 최고 수준

의 상대적 빈곤율과 비교해보자.

불행하게도 일부 국가(헝가리, 독일, 이탈리아, 미국, 멕시코)를 제외한 대부분의 국가에서 1990년대 이후 상대적 빈곤율이 악화되었다. 한국은 OECD 국가 중 상대적 빈곤율(19.1%, 2017년 1인 이상 전체 가구)이 여덟 번째로 높았다. 이것은 중산층이 얇아지면서 저소득층으로의 하향이동과 노년층의 빈곤율이 높았기 때문이다. 멕시코, 이스라엘, 터키, 미국의 상대적 빈곤율(저소득층)이 높았던 반면, 체코, 덴마크와 같이 상대적 빈곤율이 5퍼센트대로 낮은 국가도 있었다.

소득불평등에 비해 상대적 빈곤율이 더 높은 국가는 이스라엘, 한국, 일본이 대표적이었다. 반면 아일랜드와 프랑스는 상대적 빈곤율이 소득불평등에 비하면 낮은 국가였다.

특히 노인인구(65세 이상 인구) 중 상대적 빈곤율은 한국이 칠레와 함께 OECD 국가들 가장 높았다. 그림에 따르면, 노인인구의 상대적 빈곤율이 40퍼센트가 넘는 국가는 칠레, 한국, 미국 3개국이었다. 앞으로 고령사회로 빠르게 진전되고 있는 한국의 인구구조 변화에 따라 노인인구의 상대적 빈곤율이 더 악화될 가능성이 높다.

베이비부머(1955~1963년생)들이 2020년부터 65세 노인인구로 합

OECD 주요국의 상대적 빈곤율(가처분소득 기준, 65세 이상 인구)

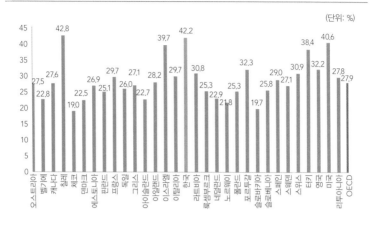

(단위: %)

주: 2012년 이후는 새로운 소득 기준에 의해 추정.
자료: OECD Stat(https://stats.oecd.org/Index.aspx?DataSetCode=IDD)

류하기 시작해 2028년까지 모두 노인인구로 편입된다. 2020년부터는 매년 지금 30만 명에서 40~50만 명으로 노인인구가 급증하게 되어 가파른 고령사회로 인구구조에 큰 변화가 예상된다. 노인인구의 상대적 빈곤율을 완화하기 위해 노년층 일자리, 연금·보험 등 중장기 대책을 세워 대비하지 않으면 안 될 것이다.

한편 한국 전체 가구 중 비노인가구에 비해 노인가구의 빈곤도 매우 심각했다. 상대적 빈곤율을 노인가구와 비노인가구로 구분해 추계해보았다. 2017년 1인 이상 전체 가구의 경우 비노인가구의 상대적 빈곤율은 8.7퍼센트였으나, 노인가구의 상대적 빈곤율은 48.1퍼센트였다. 노인가구의 빈곤율이 5.5배나 높았다. 특히 2017년에는 노인가구의 상대적 빈곤율이 다소 떨어졌음에도 불구하고 비노인가구

상대적 빈곤율(2인 이상 도시가구)

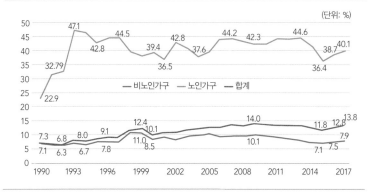

(단위: %)

비노인가구 — 노인가구 — 합계

의 상대적 빈곤율이 증가하면서 전체 가구의 상대적 빈곤율은 19퍼센트 수준으로 관찰되었다.

2017년 1인 노인가구를 제외한 2인 이상 도시가구의 경우에서도 노인가구의 상대적 빈곤율은 40.1퍼센트에 달했다. 2인 이상 도시가구에서 2015년 이후 전체, 노인가구, 비노인가구의 상대적 빈곤율은 모두 악화되었다.

우리나라 상대적 빈곤율(저소득층)이 OECD 국가 중 높은 그룹에 속하지만, 노인 빈곤율은 가장 높은 수준으로 심각했다. 특히 높은 노인 빈곤율은 우리나라 소득불평등과 양극화를 악화시키는 주요 요인이 되고 있다. 따라서 우리나라의 상대적 빈곤율 해소뿐 아니라 불평등 완화에서 노인가구의 상대적 빈곤율을 낮추는 문제가 가장 시급하고 긴요하다. 고령화가 빠른 농어촌 노인가구의 상대적 빈곤율 해소에 더 역점을 두지 않으면 안 된다.

임금의 격차

임금은 산골짜기처럼 굴곡이 심하다. 소득불평등의 주된 요인은 임금불평등에 있고, 임금불평등은 주로 임금 격차에서 비롯된다. 소득불평등의 약 70퍼센트가 임금불평등에서 오는 것으로 밝혀지고 있다. 임금 격차는 교육수준별 임금 격차, 정규직 대 비정규직 임금 격차, 남녀 임금 격차, 직업별 임금 격차(육체노동 대 비육체노동 혹은 숙련노동 대 비숙련노동의 임금 격차), 연령별 임금 차이, 그리고 그룹 내 임금 차이(근무경력이 동일한 그룹 내에서의 임금 격차) 등으로 구분된다.

임금 격차는 노동시장의 불평등과 깊은 관련이 있다. 노동시장의 불평등은 임금 격차, 고용률, 남녀 임금 차이, 파트타임 고용 비율 등 여러 측면에서 평가해볼 수 있다. OECD 국가 중 임금 격차가 높은 국가군에는 이스라엘, 미국, 한국, 포르투갈, 독일이 속했고, 남녀 임금 차이는 한국, 네덜란드, 일본에서 높았다. 파트타임 고용 비율이 높은 나라는 네덜란드, 스위스, 오스트레일리아, 뉴질랜드, 아일랜드였다. 고용률이 낮은 국가는 터키, 칠레, 그리스, 헝가리, 이탈리아, 멕시코, 폴란드, 스페인이었다. 반면 고용률이 높은 국가로는 덴마크, 노르웨이, 스웨덴, 핀란드, 스위스, 아이슬란드, 네덜란드, 뉴질랜드, 오스트레일리아였다.

노동시장 평가에서 한국은 임금 격차와 남녀 임금 차이가 큰 국가로서 노동시장 불평등이 상대적으로 높다고 평가되고 있다. 반면 북유럽 국가인 덴마크, 스웨덴, 노르웨이, 핀란드는 노동시장 불평등이 낮았고, 그 결과 소득불평등도 낮다. OECD 국가 중 노동시장 불평등이 상대적으로 높은 국가들은 노동소득 불평등과 상위 계층으로의 소득집중을 동시에 경험했다. 여기에서는 우리나라의 임금 격차를 최저임금, 정규직과 비정규직의 임금 격차, 남녀 임금 격차, 학력 임금 격차, 중소기업과 대기업의 임금 격차, 노동조합에 따른 임금 격차로 구분해 진단해본다.[10]

최저임금

최근 가파른 최저임금 인상이 핫이슈이다. 2016년 한국의 시간당 최저임금은 6,030원으로 OECD 국가 중 열세 번째였다. 2017년 시간당 최저임금 6,470원에서 2018년에는 7,530원으로 16.4퍼센트 상승했고, 2019년에는 8,350원으로 10.9퍼센트 가파르게 올랐다. 주휴수당을 포함하면 시간당 최저임금은 2018년 9,045원에서 2019년 1만 30원으로 1만 원대에 진입할 것으로 예상된다. 이제 한국의 최저임금 수준은 OECD 회원국 중 상위권(소득 대비 최저임금 OECD 4위, 2017년 기준: 최저임금위원회 자료)으로 가장 빠르게 상승하고 있다. 룩셈부르크, 프랑스, 오스트레일리아, 벨기에, 네덜란드, 뉴질랜드, 아일랜드가 시간당 최저임금이 상대적으로 높은 그룹에 속한 반면, 멕시코, 칠레, 동구권 국가들이 시간당 최저임금이 낮은 그룹에 속한다(달러 기준).

우리나라도 매년 최저임금 수준을 정하는 데 논쟁이 격하다. 2018년 최저임금을 16.4퍼센트 올린 데 이어 2020년까지 최저임금을 1만 원 수준으로 올리겠다는 계획이 현 정부의 공약이었다. 가파른 최저임금 인상에 속도 조절이 불가피하다. 논점은 최저임금의 산입범위(상여금, 주휴수당 및 복리후생비 포함 여부)와 최저임금 인상의 수혜자(빈곤층 대 중산층), 그리고 최저임금 인상의 성격(소득 대 복지)과 최저임금 인상의 파급효과(일자리 쇼크, 시장충격)에 집중되고 있다.

최근 시장과 동떨어진 큰 폭의 최저임금 인상에 따른 경제·사회적 파장이 커지고 있다. 특히 최저임금 인상 후 일자리 축소와 고용률 하락, 생산비 상승에 따른 가격 인상, 투자 위축 등 사회적 비용이 현실화되고 있다. 이미 자영업자, 영세상인 및 중소기업에는 인건비 충격과 고용 쇼크로 와닿고 있다. 이들 논점과 문제에 대한 면밀한 실증적인 분석을 소홀히 한 채, 최저임금의 목표치를 정해두고 당위적인 사회정책 차원에서 인상 폭을 밀고 가는 전략은 지속될 수 없다. 노동시장 반발 등 경제·사회적인 파급효과도 클 수밖에 없다. 앞으로 최저임금 정책을 정교하게 재점검해 현장에서 수용 가능하고 실효성 있는 균형 잡힌 정책으로 조율되어야 한다. 최저임금 인상률에 대한 중장기적인 로드맵에 대한 사회적 합의를 합리적으로 도출해 예측 가능한 최저임금 스케줄을 제시하는 것이 바람직하다.

여기에 획일적인 최저임금 정책을 보완해야 한다. 선진국에서 실행하고 있는 것처럼 업종별, 지역별, 연령별로 최저임금을 차등화해 최저임금을 사회적 형평에 맞도록 보다 정밀하게 재구조화함으로써 최저임금 정책의 적합성을 높여야 할 것이다. 최저임금을 업종별, 직종별, 지역별 혹은 연령별로 유연하게 차등화하고 있는 선진국이 많다.

예를 들면 미국은 지역과 연령, 오스트레일리아는 업종·직종과

연령, 영국과 프랑스는 연령, 일본은 지역과 업종·직종, 캐나다는 지역, 업종·직종, 연령에 따라 최저임금을 차등 적용한다. 이런 점에서 OECD 국가와 비교해 한국의 최저임금 정책은 획일적이고 경직적이다. 일정 규모 미만 업종(농림수산업, 영세 중소기업, 자영업자, 소상공인 등)에 대한 차등 적용이라도 우선 실시하는 방안을 검토하는 것이 바람직할 것이다.

나아가 개인 단위의 최저임금 인상에 따른 정책 경직성을 완화하기 위해 가구 단위의 근로장려세제EITC, Earned Income Tax Credit와의 연계성을 높여야 한다. 최저임금은 개인을 대상으로 지급되는 반면, 근로장려세제는 가구를 대상으로 소득 총액이 일정 수준 미만이면 근로장려금을 지급하는 제도이다. 최근 최저임금을 받는 사람 중 63퍼센트가 중산층이고(강병구 교수) 30.5퍼센트가 빈곤층이었다(KDI)는 연구 결과가 제시된 바 있다. 따라서 빈곤 정책은 최저임금과 일자리안정자금 정책의 확대를 통해서가 아니라, 근로장려세제를 보강해 지속성과 안정성을 높여야 할 것이다.

한국은 최근 근로장려세제에서 근로장려금 대상을 확대하고(2배), 지급총액을 대폭 증액했다(3배). 근로 장려와 함께 빈곤가구와 저소득층의 근로소득이 실질적으로 개선되어 최하위 소득 계층의 생활수준이 올라가도록 지원하는 것은 바람직하다. 문제는 맞벌이, 홀로벌이, 단독가구들에게 근로장려금이 일을 더 해서 소득을 늘리겠다는 적극적인 근로의욕으로 받아들여지느냐다. 근로장려금을 이전소득으로 치부해 일하는 시간을 줄이는 역선택이 발생해서는 안 될 것이다.

표준화한 시간당 임금

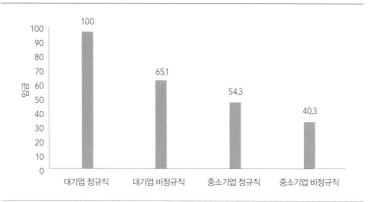

자료: 고용노동부(보도자료), 고용형태별 근로실태 조사 결과, 2018. 4. 26.

정규직과 비정규직 간 임금 격차 및 대기업과 중소기업 간 임금 격차

실제로 피부에 와닿는 임금 격차는 고용형태별로 정규직과 비정규직 간의 임금 격차와 기업규모별로 중소기업과 대기업 간의 임금 격차이다.

2017년 대기업 정규직의 시간당 임금 총액을 100으로 할 때 중소기업의 정규직 임금은 54.3으로 대기업 정규직 대비 중소기업 정규직의 임금 비율이 아직 50퍼센트대에 머물고 있다. 또한 대기업 정규직 대비 대기업 비정규직 임금은 65퍼센트 수준이고 중소기업 비정규직 임금은 40퍼센트 수준에 불과한 열악한 수준이었다. 반면 중소기업 비정규직 임금(40.3퍼센트)은 대기업 비정규직 임금(65.1퍼센트)의 60퍼센트 수준으로 올라가서 대기업과 중소기업 간 정규직 임금 격차보다 비정규직 임금 격차가 더 좁혀졌다.

남녀 임금 격차 (월평균 임금)

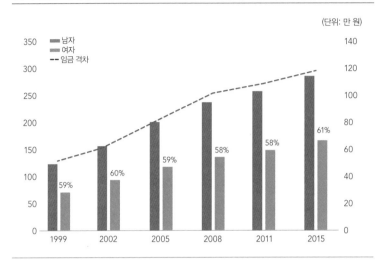

학력 임금 격차(월평균 임금)

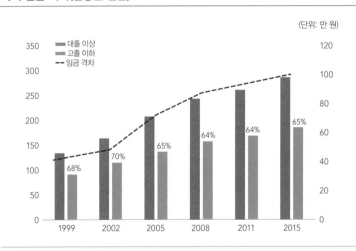

자료: 한국노동패널조사 1~19차.

남녀 임금 격차

남녀의 임금 격차 해소, 갈 길이 멀다. 우리나라는 OECD 국가 중에서 남녀 임금 격차가 가장 큰 그룹에 속한다. 남녀 임금 격차는 남녀평등과 기본 인권 차원에서 완화되어야만 한다. 남성 임금근로자의 월평균 임금은 1999년 126만 원에서 2015년 294만 9,000원으로 상승한 반면, 여성 임금근로자의 월평균 임금은 같은 기간 중 73만 원에서 181만 2,000원으로 상승하는 데 그쳤다. 1999~2015년까지 남성 임금은 약 2.3배, 여성 임금은 약 2.5배 증가했지만 15년 동안 남성 월평균 임금은 168만 9,000원 상승해 108만 2,000원이 오른 여성 월평균 임금의 상승 폭을 크게 앞질렀다. 남성 대비 여성의 월평균 임금 비율은 약 61퍼센트 수준으로 여전히 큰 격차를 보였다.

저출산과 고령화에 따른 우리 사회의 지속적인 발전을 위해서는 여성들의 사회 진출과 여성 노동인력의 경제·사회적 부가가치 창출이 중요하다. 우리나라의 성장잠재력을 높이고 여성 인적자본의 생산적 기여를 위해서는 남녀 임금 격차와 함께 남녀 노동시장 불평등을 해소하는 노동시장의 생태계 개혁이 우선되어야 할 것이다.

학력 임금 격차

임금체계의 개혁 없이는 학력 임금 격차의 벽을 넘기 어렵다. 성별 임금 격차 못지않게 학력 간 임금 격차도 좁혀지지 않고 벌어지고 있다. 1999년 고졸 이하 임금근로자의 월평균 임금은 91만 원으로 대졸 이상 임금근로자의 월평균 임금 134만 원의 68퍼센트 수준이었다.

16년이 지난 2015년에 고졸 이하 임금근로자의 월평균 임금은 187만 원으로 대졸 이상 임금근로자의 월평균 임금 288만 원의 65퍼센트 수준에 머물러 있었다. 학력 간 월평균 임금 격차가 1999년 43만 원에서 2015년에는 101만 원으로 벌어졌다. 2015년 기준으로 우리나라 임금소득은 고졸이 100일 때, 전문대졸 115, 대졸은 145로 학력에 의한 임금 격차가 여전히 존재하고 있는 것으로 관찰되었다(OECD 교육지표).

학력 간 임금 격차가 좁혀지지 않고 있는 것은 무엇보다도 임금체계가 학력 기반 임금체계에 의존하고 있기 때문이다. 앞으로 학력 간 임금 격차를 좁히기 위한 제도적 기반으로서 생산성 기반 임금체계와 직무급 임금체계로 임금체계의 개혁이 이뤄져야 할 것이다.

노동조합과 임금 격차

노동시장의 조직화, 그중에서도 노동조합은 임금불평등에 서로 상충적인 영향을 끼친다. 노동조합이 없는 부문보다 노동조합이 결성된 부문의 임금 변동률이 낮기 때문에 노동조합의 가입자 비율이 높은 조직일수록 그 조직 내 임금 변동은 대체로 줄어든다. 그러나 노동조합 가입자 비율이 높을수록 노동조합에 가입된 노동자와 가입하지 않은 노동자 사이의 임금 격차가 벌어지므로 전반적인 임금 변동을 부추길 수 있다. 따라서 노동조합이 임금불평등에 끼치는 효과는 노동조합에 가입한 노동자의 상대적인 임금수준, 노동조합원 대 비노동조합원의 비율, 단체 협상력 등 복합적인 요인의 영향을 받게 된다.

우리나라의 노동조합 가입률은 1998년 15.6퍼센트에서 2010년 9.1퍼센트까지 계속 감소하다가 금융위기 이후 소폭 상승해 2015년에는 10.2퍼센트, 2018년에는 10.8%로 상승했다. 대기업과 공공 부문 중심으로 노동조합 가입이 증가하고 있기 때문이다.

여기에서는 노동조합이 전체 근로자의 임금 격차에 끼친 영향과 정규직 대 비정규직의 임금 격차에 끼친 영향을 진단하는 데 초점을 둘 것이다. 먼저 전체 임금근로자의 월평균 임금(한국노동패널조사)을 노동조합의 유무에 따라 살펴보자.

1998년 노동조합이 없는 사업장 임금근로자의 월평균 임금은 105만 2,000원으로 노동조합이 있는 경우의 135만 5,000원에 비해 30만 3,000원이 낮은 약 77퍼센트 수준이었다. 그 후 임금 격차는 지속적으로 확대되어 2015년에는 노동조합이 없는 사업장 임금근로자의 월평균 임금이 213만 3,000원으로 노동조합이 있는 경우의 350만 원에 비해 136만 7,000원 낮은 약 69퍼센트 수준에 그쳤다. 지난 16년 동안 월평균 임금 격차도 30만 원대에서 136만 원대로 4.5배 이상 벌어졌다.

시간당 임금 격차도 더 벌어졌다. 사업장의 노동조합 유무에 따라 전체 근로자를 대상으로 임금 격차가 더 벌어지고 있는 것은 노동조합 요인도 있지만, 정규직에 비해 임금이 상대적으로 낮은 비정규직 근로자의 비중이 증가해왔기 때문이다.

다음으로 전체 임금근로자 중 노동조합에 가입할 수 없는 근로자(임원진, 중역, 중견 간부 등)를 제외한 다음, 노동조합에 가입할 수 있는

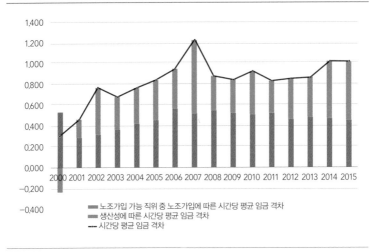

노동조합 가입 가능 근로자 중 노동조합 가입 여부와 시간당 평균 임금 격차 분해

■ 노조가입 가능 직위 중 노조가입에 따른 시간당 평균 임금 격차
■ 생산성에 따른 시간당 평균 임금 격차
▬▬ 시간당 평균 임금 격차

근로자를 대상으로 노동조합에 가입한 근로자와 가입하지 않은 근로자로 구분해 월평균 임금 격차를 진단해보자.

노동조합 가입이 가능한 노동자들 중 가입자와 비가입자 간의 월평균 임금을 비교해보면, 1999년 두 그룹 간의 임금 격차는 33만 원으로 노동조합 가입자 대비 비가입자의 월평균 임금 비중이 75퍼센트 수준이었다. 그러나 2015년에는 노동조합에 가입할 수 있는 근로자 중 비가입 근로자의 월평균 임금은 204만 원으로 가입 근로자의 임금 334만 원의 61퍼센트 수준으로 내려갔다. 월평균 임금 격차도 33만 원에서 130만 원으로 4배 벌어졌다. 전체 임금근로자를 대상으로 본 노동조합 유무에 따른 임금 격차(69퍼센트)와 비교하면, 노동조합 가입이 가능한 임금근로자를 대상으로 본 가입자와 비가입자 간의 임금 격차(61퍼센트)는 다소 완만했다.

임금 격차는 여러 요인에 의해 발생하지만, 여기에서는 경제적 요인, 생산성과 제도적 요인으로 노동조합에 초점을 맞춰 임금 격차의 요인을 분해해보았다. 노동조합 가입이 가능한 근로자를 대상으로 노동조합에 가입한 근로자와 가입하지 않은 근로자 간의 임금 격차가 과연 경제적인 생산성과 제도적인 노동조합에 의해서 얼마나 영향을 받았는지를 분해_{Oaxaca Decomposition}한 결과를 관찰해보자.

지난 15년 동안 노동조합 가입이 가능한 근로자 중 노동조합 가입자와 비가입자 간의 임금 격차가 생산성 외 노동조합에 의해서 상당히 영향을 받은 것으로 나타났다. 노동조합 가입 여부에 따라 대체로 임금 격차의 40퍼센트 정도, 2014년과 2015년에는 50퍼센트 정도 임금 격차가 발생한 것으로 관찰되었다. 다만 여기에서는 제도적 요인으로서 노동조합 가입 여부만 고려했기 때문에 노동조합이 임금 격차에 끼친 효과가 과대 추정될 수 있음을 지적해둔다.

끝으로 노동조합이 정규직과 비정규직 간의 임금 격차에 끼친 영향을 살펴보자. 노동조합이 있는 사업장의 비정규직 비율(2.1퍼센트)은 매우 낮은 반면, 노동조합이 없는 사업장의 비정규직 비율(34.1퍼센트)은 상당히 높았다. 2000년 이후 노동조합이 있는 사업장의 정규직과 비정규직 간의 임금 격차와 노동조합이 없는 사업장의 정규직 대 비정규직의 임금 격차를 비교해보자.

노동조합이 있는 사업장에서 정규직과 비정규직 간의 임금 격차가 훨씬 컸다. 이들 임금 격차의 요인을 생산성과 노동조합으로 분해해볼 때 2009년 이후 임금 격차의 30~40퍼센트 정도가 노동조합으로 영향을 받은 것으로 나타났다(이 부분도 과대 추정될 수 있음을 지적해 둔다).

따라서 노동조합은 (1) 전체 근로자 중 노동조합 유무에 따른 임금 격차, (2) 노동조합 가입이 가능한 근로자들 중 가입자와 비가입자 간의 임금 격차, (3) 노동조합 유무에 따른 정규직과 비정규직 간의 임금 격차에 영향을 끼친 것으로 분석되었다.

지금까지 분석해온 우리나라 임금 격차를 종합해볼 때, OECD 국가 중에서도 임금 격차와 노동시장 불평등이 매우 높았다. 노동시장의 이중구조와 함께 노동시장의 유연성이 낮고, 저성장으로 인해 일자리 창출이 부진했다. 노사관계와 협상에서도 불신의 벽을 허물지 못한 채 노경상생勞經相生의 생산적 돌파구를 열지 못했다. 요컨대 임금 격차를 해소하는 일은 단지 임금 격차를 줄이는 차원이 아니라 불평등과 양극화를 완화하고 사회통합성을 높이기 위한 중요한 기반이 된다.

현재진행중인 소득양극화

한국의 소득 양극화는 진행형이다. 소득불평등은 외환위기 이전인 1990년대 초중반까지 OECD 국가 중에서 낮은 그룹에 속했으나, 외환위기 이후 소득불평등이 높아져서 유럽과 선진국들의 중간 수준에 있다.

그러나 한국은 소득불평등 정도에 비해 소득집중도가 높은 그룹에 속한다. 상위 20퍼센트 소득 계층 대 하위 20퍼센트 소득 계층의 소득 비율인 소득 5분위 배율(전체 가구)이 약 7배인 데다 최상위 소득 집중률(상위 10퍼센트, 1퍼센트, 0.1퍼센트)이 높다.

또한 소득 계층별 비중(시장소득 기준)에서도 1990년대 초중반 이후 중간 계층(중산층) 비중이 약 10퍼센트 줄어드는 대신 저소득층(6.5퍼센트)과 고소득층(3.3퍼센트)이 늘어났다. 특히 저소득층의 상대적 빈곤율이 OECD 국가 중에서 높고, 노인가구의 상대적 빈곤율은 OECD 국가 중 가장 높다. 따라서 최상위 소득집중률, 소득 5분위 배율, 소득 계층 비율을 종합적으로 분석해볼 때 한국은 소득 양극화 상태에 있다.

9장
한국의 소비불평등

소득불평등이 소비불평등으로 전이될까? 소비는 소득에 의해서 직접 영향을 받기 때문에 소득의 불평등은 소비의 불평등으로 파급될 수 있다. 소득불평등은 수입의 불평등을, 소비불평등은 지출의 불평등을 반영한다.

소비는 여러 유형의 지출을 통해 현재와 미래의 삶, 그리고 세대 간의 삶에도 폭넓게 영향을 끼친다. 현재 소비를 중시하는 사람이 있는가 하면, 미래 소비에 더 비중을 두는 사람도 있다. 이런 점에서 소비의 불평등은 삶과 실생활에서 피부에 더 와닿을 수 있다.

9장에서는 1인 평균소비를 소비지출, 가계지출, 교육비 및 보건의료비로 나눠 불평등(지니계수)을 분석하게 될 것이다. 아울러 상위 소비 20퍼센트 대 하위 소비 20퍼센트의 비율인 소비 5분위 배율과 상위 소비 10퍼센트 대 하위 소비 10퍼센트의 비율인 소비 10분위 배율로써 소비집중도와 소비 격차를 관찰해본다.

교육비와 의료비의 불평등 문제

소비지출과 가계지출보다 교육비와 보건의료비의 불평등(지니계수)이 훨씬 심한 것이 발견되었다(1인 이상 전체 가구, 2인 이상 도시가구, 통계청 가계동향조사).

1인 이상 전체 가구가 포함되기 시작했던 2006년보다, 2인 이상 도시가구로부터 시작된 1990년보다 주요 소비의 불평등이 올라갔다. 조사대상 중에서도 독신가구와 1인 노인가구가 포함된 1인 이상 전체 가구에서 상대적으로 불평등이 높은 것으로 나타났다. 보건의료비 불평등뿐 아니라 교육비 불평등이 가장 심했다. 교육비와 보건의료비의 불평등이 소득불평등에 비해 2배 이상 심했다.

특히 교육비와 보건의료비의 높은 불평등 추세는 소득 양극화 현상이 소비의 주요 항목인 자녀들의 교육비와 가구 구성원들의 보건의료비 지출로 전이된 것으로 풀이된다. 나아가 글로벌 금융위기 이후 소비지출, 가계지출, 보건의료비 및 교육비의 불평등이 악화되었다. 그 이유는 금융위기 이후 실질임금소득이 정체되어 있을 뿐만 아니라, 경기침체기에 저소득층의 소비가 더 취약해질 수밖에 없었기 때문이다.

1인 이상 전체 가구 소비 지니계수

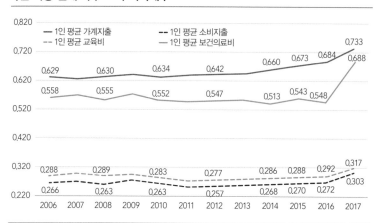

주: 1) 1인 평균으로 환산한 소비지출, 의료비, 교육비(각 항목을 가구원 수로 나눈 값). 2) 가중치 적용. 3) 1인 이상 전체 가구(농어민 제외) 대상.

2인 이상 도시가구 소비 지니계수

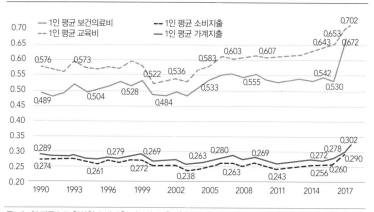

주: 1) 1인 평균으로 환산한 소비지출, 의료비, 교육비(각 항목을 가구원 수로 나눈 값). 2) 가중치 적용. 3) 2인 이상 도시가구(농어민 제외) 대상.

소비지출 중 교육비 지출의 불평등은 사회적 이동을 약화시킬 수 있고, 보건의료비 지출의 불평등은 국민 건강관리의 불평등으로 이어질 수 있다. 특히 2015년 이후 소득불평등이 악화되면서 소비불평등도 금융위기 때보다 더 악화된 것으로 발견되었다. 따라서 소득의 불평등과 함께 소비의 불평등은 삶의 질과 구성원들의 사회적 이동 및 건강에 직접 파급효과를 미치게 된다. 소비불평등, 특히 심화되고 있는 교육비와 보건의료비의 불평등을 완화하는 사회경제적 대책이 필요하다.

삶의 격차와 밀접한 소비격차

소비 격차는 삶의 격차와 밀접하다. 소비지출(2인 이상 도시가구)에서 상위 소비지출 20퍼센트 대 하위 소비지출 20퍼센트의 비율인 소비 5분위 배율과 상위 소비지출 10퍼센트 대 하위 소비지출 10퍼센트의 비율인 소비 10분위 배율을 추계해 소비집중도와 소비 격차를 관찰해보았다. 1990년 이후 소비지출 5분위 배율은 약 3.3~4.65배, 소비 10분위 배율은 약 4.6~7.12배에 머물러 있었다. 그러나 2015년 이후 소비지출의 5분위 배율과 10분위 배율이 두드러지게 동반 악화되었다.

소비불평등 중 교육비와 보건의료비의 지출에서 불평등이 더 높았기 때문에 교육비 지출의 집중도와 보건의료비 지출의 집중도 및 격차를 5분위와 10분위로써 점검해보았다. 소비지출의 5분위와 10분

연도별 소비지출 기준 5분위 및 10분위 배율

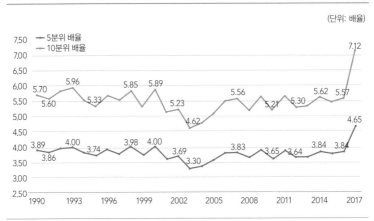

(단위: 배율)

주: 1인 평균 소비지출(가계소비지출/가구원 수)로 산출.
자료: 통계청 가계동향조사(1990~2017) 원시자료 활용해 직접 산출.

교육비 집중도: 연도별 교육비지출 5분위 및 10분위 배율

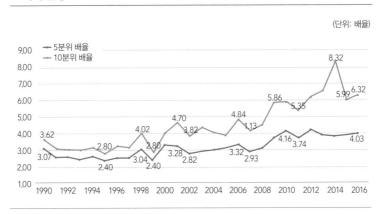

(단위: 배율)

위 배율보다 교육비 지출의 5분위와 10분위 배율이 높은 반면, 의료
비 지출의 5분위와 10분위 배율은 낮았다. 교육비 지출은 상위 계층

보건의료비 집중도: 연도별 의료비지출 5분위 및 10분위 배율

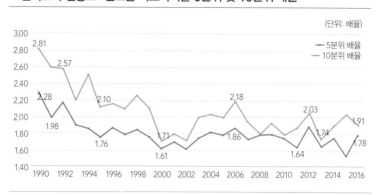

소비지출 격차(가구 평균 2인 이상 도시가구)

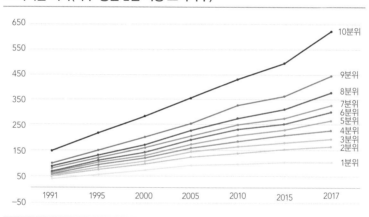

주: 1)증감율 전년 대비 증가율. 2) 가중치 적용 3) 가구 기준 월평균 소비지출. 4) 2인 이상 도시가구(농어민 제외) 대상.

에 더 집중된 데 비해 의료비 지출은 상위 계층에 상대적으로 덜 집중된 것으로 관찰되었다. 교육비 지출의 상위 계층 집중은 대체로 증가하고 있으나, 보건의료비 지출의 상위 계층 집중은 대조적으로 하락하고 있었다.

한편 가구 소비지출을 10분위와 5분위로 계층별로 살펴보면, 모든 분위에서 월평균 소비지출은 증가해왔다. 최고 소비층인 10분위에 대한 최저 소비층인 1분위의 소비지출 비율은 1991년 18퍼센트에서 2017년 14퍼센트로 오히려 줄어들어서 소비지출 격차는 더 벌어졌다. 전년 대비 소비 증가율에서도 고소비 계층으로 갈수록 높게 관찰되었다. 5분위별 소비지출 격차도 비슷한 결과였다.

10장
한국의 사회적 이동성

한국은 얼마나 사회적 이동이 유연하고 기회가 열려 있는 사회일까? 사회적 이동성social mobility 은 사회 내에서 지위, 계층, 직업, 교육 등을 이동할 수 있거나, 이동할 수 있다고 인식하는 정도를 말한다. 사회적 이동성은 사회계층 간 이동뿐 아니라 세대 내 이동과 세대 간 이동을 포괄하게 된다. 또한 사회적 이동은 방향에 따라 수직적 이동과 수평적 이동으로 구분된다. 정체된 사회에서 유연한 사회로 넘어가는 통로가 바로 사회적 이동이다. 사회적 이동은 공평한 기회가 열려 있을 때 활발하다.

지구촌의 자원 중 가장 중요한 자원이 인적자원이다. 인적자원은 능력과 노력에 따라 효율적이고 합리적으로 순환되어야 한다. 정당한 보상이 이뤄지는 기제로서 사회적 이동성은 역동적인 사회발전의 기반이다. 그러나 사회적 불평등과 양극화가 심화되면 사회적 이동성이 약화되고 이동의 기회가 줄어들게 된다. 또한 사회적 이동의 약화는 중하위 계층의 고착화와 계층 간 격차로 이어져 소득의 불평등과 양극화를 악화시키는 악순환으로 번질 수 있다.

한국도 예외가 아니다. 사회에서 흙수저, 금수저, 갑질 등 냉소적이고 자기비하적인 감정 표출로부터 사회적 이동성의 단면을 읽을 수 있을 것이다. 다음 세대를 이끌 젊은 세대들이 희망을 갖고 역동적으로 도전할 사회적 생태계와 기회 균등의 토양이 살아나고 있는지 깊이 성찰해야 할 시대이다.

우리 사회는 높은 교육열과 부지런함, 그리고 '하면 된다', '할 수 있다'는 자신감과 헝그리 정신을 토대로 한 높은 사회적 이동성이 압축성장을 이뤘다. 산업화와 민주화를 거치면서 다양한 계층에 기회의 문이 열려 있었던 역사적 경험을 한 바 있다. 한국의 사회적 이동성은 소득, 소비, 자산, 일자리, 교육, 세대 간 이동으로 다양하게 관찰할 수 있다.

소득 계층의 이동성

가처분소득 계층의 이동성
소득 계층의 이동성은 약했다. 상위(20퍼센트)와 하위(20퍼센트) 소득 계층뿐 아니라 고·중·저소득 계층의 고착화가 뚜렷했다. 소득 계층(가처분소득 계층)을 다섯 단계인 5분위와 세 단계인 저소득층, 중간 소득층(중산층), 고소득층으로 나눠 최근 3년 동안 소득 계층 간 이동을 파악했다. 기간을 최근 1년(2016~2017)에서 2년(2015~2017), 3년 (2014~2017)으로 나눠볼 때, 기간이 경과할수록 가처분소득의 변동으로 인한 소득 계층의 상향이동과 하향이동이 동시에 일어났다. 최근 3년 동안 가처분소득 상승으로 인해 소득 계층이 평균 22.8퍼센트 올라간 반면, 가처분소득 하락으로 인해 소득 계층이 평균 21.9퍼센트는 내려갔다. 평균 55.3퍼센트는 현재의 소득 계층을 유지했던 것으로 분석되었다. 소득 계층의 상향이동과 하향이동 비율은 거의 비슷한 수준이었다.

소득 계층별로 1분위와 5분위는 사회적 이동에서 대조를 보였다. 하위 20퍼센트 계층인 1분위에서 상향이동이 23.6퍼센트 있었다. 다른 분위에서의 상향이동 비율보다 상대적으로 낮았고, 1분위를 유지한 비율은 76.4퍼센트로 가장 높았다. 반면 상위 20퍼센트 계층인 5분위로부터 하향이동은 30.2퍼센트였고, 약 70퍼센트는 현 상태인 5분위를 유지했다. 이런 점에서 소득 계층의 양 꼬리인 상위 20퍼센트와 하위 20퍼센트는 70퍼센트 이상 현 소득 계층을 유지한 것으로 발견되었다.[11] 1분위와 5분위에서 소득 계층의 고착화 현상이 뚜렷했다. 뿐만 아니라 다른 소득 계층에서도 현 소득 계층의 유지 비율이 상향이동 또는 하향이동 비율보다 높아서 사회적 이동성이 떨어지고 있었다.

한편 소득 계층을 저소득층, 중간소득층, 고소득층으로 구분해볼

가처분 소득 계층 이동성(2015~2017)

- 5분위 상위 소득 계층과 1분위 하위 소득 계층: 현 소득 계층의 유지 비율이 70퍼센트 이상
  → 상대적으로 다른 소득 계층보다 사회적 이동성 낮음
- 5분위와 1분위에서 소득 계층의 고착화
- 저소득층, 중산층, 고소득층의 유지 비율이 60퍼센트 이상 → 소득 계층의 고착화

때도 현 소득 계층의 유지 비율이 상향이동 또는 하향이동 비율보다 현저하게 높게 나타나서 역시 소득 계층의 사회적 고착화가 뚜렷했다.

가처분소득 계층별 소비지출 계층 이동성

가처분소득 계층별 소비 이동성도 약했다. 소비지출을 결정하는 중요한 변수는 가처분소득이다. 두 변수 간에는 밀접한 관계가 있기 때문에 여기에서는 가처분소득 계층별로 소비지출 계층의 이동성을 연계시켜보자.

소득 계층과 소비 계층의 차이는 소득과 소비 간의 상대적 격차로 해석할 수 있을 것이다. 2017년 기준 각각의 가처분소득 분위에서 소비지출을 더 높은 분위로 상향시킨 사람들은 평균 25.2퍼센트였던 반면, 소비지출을 더 하향시킨 사람들은 평균 23.8퍼센트였다. 가처분소득의 현 분위대로 소비지출을 유지한 사람들은 평균 50.9퍼센트였다. 2014~2017년까지 연도별 가처분소득 분위에서 소비지출을 이동시킨 비율은 2017년과 대개 비슷한 수준으로 나타났다. 동시에 소비지출을 상향시킨 사람들과 하향시킨 사람들의 비율 역시 비슷했다.

그러나 2017년 가처분소득 분위에 따라 소비지출 분위를 상향시킨 비율은 1분위가 23퍼센트로 가장 낮았다. 대신 77퍼센트가 소비에서도 소득처럼 현 1분위를 유지했다. 가처분소득이 낮은 계층에서 소비의 상향이동이 가장 저조했던 것으로 관찰되었다. 오히려 2분위와 3분위에서 소비의 상향이동이 하향이동을 앞질렀으나, 현 소비 계층의 유지 비율이 상대적으로 높아서 사회적 이동성은 떨어지고 있었다.

가처분소득 수준별 소비지출 계층의 이동성에서도 1분위와 5분위에서 현 소비 계층의 유지 비율이 상향이동 혹은 하향이동보다 현저하게 높아서 저소비 계층과 고소비 계층의 고착화 상황이 뚜렷한 것으로 발견되었다.

가처분소득 계층별 의료비 계층의 이동성

가처분소득 계층별 의료비 이동성은 활발했다. 특히 하위 소득(40퍼센트) 계층에서 적극적인 의료비 지출의 상향 계층이동이 있었다. 의료비는 삶의 질적 향상과 건강한 삶을 보전하기 위한 기본 지출이다. 여기에서는 의료비 지출과 연관성이 높은 가처분소득과의 관계를 가처분소득 계층별로 의료비 지출 계층의 이동성을 연계시켰다. 소득 계층과 의료비 계층의 차이는 소득과 의료비 간의 상대적 격차로 볼 수 있다.

2017년 분석 결과를 보면 가처분소득에 비해 의료비 지출 계층을 상향(35.1퍼센트)했거나 하향한 비율(39.1퍼센트)인 계층이동 비율이

가처분소득 계층별 의료비 계층 이동성(2015~2017)

- 가처분 소득에 비해 의료비 지출 계층이동(상향 혹은 하향) 비율 74.2퍼센트, 의료비 지출 현재 계층 유지 비율 25.8퍼센트
- 1분위와 2분위에서 의료비 지출의 계층 상향이동 비율 높음, 각각 69.1퍼센트, 51.1퍼센트
- 가처분 소득별 의료비 지출의 사회적 이동성 활발

평균 74.2퍼센트였던 반면, 현 계층을 그대로 유지한 비율(계층의 유지 비율)은 평균 25.8퍼센트였다. 의료비 계층이동 비율이 현재 계층 유지 비율의 약 3배에 이른다. 다만 의료비 계층 하향 비율이 계층 상향 비율보다 높아 중간 소득 이상 계층에서 가처분소득보다 의료비 지출의 계층 하향 비율이 높았다. 반면 1분위와 2분위에서 의료비 계층 상향이동이 각각 69.1퍼센트와 51.1퍼센트로 높게 나타난 현상은 국민 건강증진을 위해 적극적인 사회이동이었다. 이것은 중간 소득 이하 소득 계층의 건강수준이 상위 소득 계층보다 평균적으로 낮거나 잦은 질병 발병으로 의료비 지출이 늘어나는 현실을 반영한다고도 볼 수 있다.

가처분소득 계층별 교육비 계층의 이동성

가처분소득 계층별로 교육비 지출은 하향이동이 우세했다. 가처분소득에 비해 교육비 지출의 계층 이동성은 현세대뿐 아니라 세대 간 불평등에도 영향을 끼친다. 소득 계층과 교육비 계층의 차이는 소득과 교육비 간의 상대적 격차로 볼 수 있다. 2017년 기준 각각의 가처

분소득 분위에서 교육비 지출을 더 높은 분위로 상향시킨 사람들은 평균 23.5퍼센트였던 반면, 교육비 지출을 더 하향시킨 사람들은 평균 42.7퍼센트였다. 가처분소득의 현 분위대로 교육비 지출을 유지한 사람들은 평균 33.9퍼센트였다. 2014~2017년까지 연도별 가처분소득 분위에서 교육비 지출을 이동시킨 비율은 2017년과 대개 비슷한 수준으로 나타났다.

2분위에서 5분위까지 모든 소득 계층에서 가처분소득 계층 대비 교육비 지출의 계층 하향이동이 계층 상향이동보다 높게 나타났다. 특히 가처분소득 1분위에서는 교육비 지출을 2분위 이상으로 상향시킨 사람들이 10퍼센트에 지나지 않았던 반면, 90퍼센트가 가처분소득의 현 1분위대로 교육비 지출을 유지했다.

저성장이 장기화되면서 교육비 지출에까지 주름살이 가서 소득과 교육비 지출 간의 상대적 격차가 더 벌어지고 있다. 교육비 지출의 계층 상향이동이 적극적으로 일어나지 않으면 세대 간 사회적 계층이동도 약화될 수밖에 없을 것이다.

순자산 계층의 이동성

순자산 계층의 사회적 이동성은 저조했다. 순자산(자산-부채) 역시 가처분소득과 마찬가지로 최근 3년을 기간별로 나눠볼 때, 시간이 지날수록 순자산 계층의 상향이동과 하향이동이 높아졌으나, 여전히 유지 비율이 높았다. 최근 3년 동안 순자산 상승으로 인해 계층이 평

순자산 소득 계층 이동성(2015~2017)

- 현 순자산 계층의 유지 비율은 1분위 73.3퍼센트, 5분위 82.4퍼센트
  → 상대적으로 다른 자산 계층보다 사회적 이동성이 낮음
- 5분위와 1분위에서 자산 계층의 고착화
- 저자산층, 중간자산층, 고자산층의 유지 비율이 70퍼센트 이상 → 자산 계층의 고착화

균 21.7퍼센트 올라간 반면, 순자산 감소로 인해 계층이 평균 15.6퍼센트는 내려갔다. 평균 62.7퍼센트는 현재 계층을 유지했다. 평균적으로 순자산의 변동으로 인한 계층이동은 가처분소득의 변화로 인한 계층이동보다 그 이동 폭이 낮았다.

특히 하위 20퍼센트인 1분위 계층의 상향이동은 26.7퍼센트뿐, 73.3퍼센트는 현상 유지를 하고 있었다. 상위 20퍼센트인 5분위 계층은 하향이동이 17.6퍼센트로 나머지 82.4퍼센트는 그대로 상위 계층을 유지했다. 순자산 기준으로 사회적 계층이 양극화되는 경향을 보였다.

모든 순자산 계층에서 현 계층의 유지 비율이 상향이동 혹은 하향이동 비율을 크게 앞지르고 있어 순자산 계층의 사회적 이동성 역시 현저히 떨어졌다. 특히 1분위와 5분위에서 순자산 계층의 고착화 현상이 가처분소득의 경우보다 더욱 심하게 나타났다. 뿐만 아니라 저자산층, 중간자산층, 고자산층으로 나눠봐도 세 계층에서 공통적으로 유지 비율이 상향이동 또는 하향이동 비율보다 현저히 높아서 자산 계층이 고착화되고 있음이 확인되었다.

소비지출 계층의 이동성

소비지출 계층의 사회적 이동성은 가처분소득 계층과 순자산 계층의 사회적 이동성보다는 활발했다. 그러나 하위 소비지출(20퍼센트) 계층의 상향이동은 가장 저조했다. 소비지출 역시 최근 3년을 기간별로 나눠보면, 기간이 지날수록 계층의 상승과 하락은 높아지고 있지만, 여전히 유지 비율이 상대적으로 높았다. 최근 3년 동안 소비지출 증가로 인해 계층이 평균 27.5퍼센트 올라간 반면, 소비지출 감소로 인해 계층이 평균 25.3퍼센트는 내려갔다. 평균 47.2퍼센트는 현재 계층을 유지했다. 최근 3년 평균적으로 봐서 소비지출 변동으로 인한 계층이동은 가처분소득 혹은 순자산의 변동으로 인한 계층이동보다 이동 폭이 컸다.

특히 2분위와 3분위의 소비 계층에서는 상향이동이 현재 유지 비율과 하향이동을 앞지르고 있어 사회적으로 상향이동이 활발한 소비 분위였다. 다만 최하위 20퍼센트인 1분위 소비 계층의 상향이동이 28.9퍼센트로 가장 낮은 반면, 71.1퍼센트가 현 1분위에 그대로 남아 있어 소비 계층 이동이 가장 저조한 것으로 관찰되었다.

소비 계층을 저소비층, 중간소비층, 고소비층의 세 계층으로 살펴본 결과, 중간소비층과 고소비층에서는 현 유지 비율이 상대적으로 높았으나, 저소비층에서는 소비의 상향이동 비율이 오히려 현 유지 비율을 앞질렀다. 이것은 앞에서 지적한 바와 같이 최저소비층인 1분위에서는 유지 비율이 높았으나, 차상위 소비 계층인 2분위와 3분위에서 소비의 상향이동이 상대적으로 커서 현 유지 비율을 앞섰기 때문이다.

소비지출 계층 이동성(2015~2017)

- 소비 계층의 이동 비율(상향이동 혹은 하향이동)은 52.8퍼센트로 현 소비 계층의 유지 비율 47.2퍼센트보다 높음
- 2분위와 3분위 소비 계층의 상향이동 비율이 현 소비 계층의 유지 비율과 하향이동 비율을 앞섬 → 저소비 계층의 상향이동이 활발
- 중간소비층, 고소비층: 유지 비율 > 상향·하향이동 비율
- 저소비층: 유지 비율 < 상향이동 비율

의료비 계층의 이동성

가장 활발했던 계층이동은 의료비 지출에서 일어났다. 최근 3년 동안 의료비 지출 증가로 인해 계층이 평균 35.4퍼센트 올라간 반면, 의료비 지출 감소로 인해 계층이 평균 35.6퍼센트는 내려갔다. 평균 28.9퍼센트는 현재 계층을 유지했다.

최근 3년 동안 의료비 지출 변동으로 인한 계층의 이동 비율(71.1퍼센트)이 현 계층의 유지 비율(28.9퍼센트)을 크게 앞섰다. 모든 의료비 계층에서 비슷한 현상이 일어났다. 의료비 기준의 계층 상향이동은 1분위가 가장 높았고(66.5퍼센트), 그다음이 2분위, 3분위 순이었다. 그런데 5분위에서는 계층 하향이동이 가장 두드러졌다(66.1퍼센트).

의료비 지출의 이동성은 의료비 수요와 건강수준과 밀접한 연관이 있다. 예를 들면 1분위의 의료비 계층 상승이 5분위 중에서 가장 높게 나타난 것은 1분위에 속한 구성원들의 건강상태가 상대적으로 열악하여 잦은 진료와 입원 등으로 의료비 지출이 급격히 늘어나는 추

의료비 계층 이동성(2015~2017)

- 의료비 계층의 사회적 이동성이 가장 활발 → 사회적 이동 비율
  - 의료비 71.1퍼센트 > 소비지출 52.8퍼센트 > 교육비 52.6퍼센트
  - 가처분소득 44.9퍼센트 > 순자산 37.3퍼센트
- 의료비 계층 상향이동 비율
  - 1분위(66.5퍼센트) > 2분위 > 3분위 > 4분위
    (5분위 하향이동 비율 66.1퍼센트)
- 저의료비 계층의 계층이동과 상향이동이 가장 활발

세를 반영한 결과라고 풀이될 수 있을 것이다.

나아가 의료비 지출 변동으로 인한 계층 간 이동은 중간의료비 계층 및 고의료비 계층과 달리 저의료비 계층에서 가장 활발했다. 국민 건강 증진과 의료서비스의 형평성을 높이는 의료 수요의 주목할 만한 사회적 이동이라고 볼 수 있다.

교육비 계층의 이동성

교육비 계층 이동성

교육비 계층의 사회적 이동성은 약했다. 대체로 교육비 계층의 고착화를 벗어나지 못했다. 교육비 지출의 이동성은 세대 간 불평등 이동에도 중요한 영향을 끼친다. 최근 3년 동안 교육비 지출의 증가로 인해 교육비 계층의 평균 27.3퍼센트가 상향이동을 했다. 반면 교

교육비 계층 이동성(2015~2017)

- 전체 교육비 계층의 현재 유지 비율(52.6퍼센트) > 상향·하향이동 비율
- 1분위와 2분위 교육비 계층의 사회적 이동 및 상향이동 저조
- 3분위 교육비 계층의 사회적 이동이 가장 활발
  - 상향이동 비율(63.7퍼센트) > 현재 유지 비율(15.9퍼센트)

육비 지출의 감소 때문에 평균 20.1퍼센트는 하향이동을 했다. 평균 52.6퍼센트는 현재 교육비 계층을 유지했다.

특히 최근 3년간 하위 40퍼센트인 1분위와 2분위의 계층 상향이 동은 12.5퍼센트에 그쳐 전체 계층 상승률인 27.3퍼센트의 절반에 도 못 미쳤다. 현재 그대로 남아 있는 교육비 계층 비율은 87.5퍼센트 에 이를 정도로 하위 40퍼센트의 교육비 지출로 인한 계층 이동은 매 우 저조했다. 대조적으로 교육비 지출 증대로 계층 상향이동이 두드 러졌던 계층은 3분위였다. 3분위의 현 유지 비율 15.9퍼센트의 4배 가 넘는 63.7퍼센트가 상향이동하는 긍정적인 측면도 발견되었다. 그 러나 교육비 계층의 3분위를 제외한 다른 분위에서는 현재 유지 비율 이 상대적으로 높게 나타나서 대체로 교육비 계층의 고착화를 벗어 나지 못하는 국면이었다.

교육수준별 가처분소득 계층 이동성

교육수준별로 가처분소득 계층의 상향이동은 비대칭적이었다. 모 든 소득 계층에서 대학교 이상 교육경력에서 적극적인 소득 계층의

교육수준별 가처분소득의 계층이동 비율

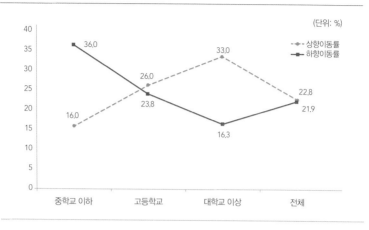

(단위: %)

- ----●---- 상향이동률
- ——■—— 하향이동률

중학교 이하: 36.0 / 16.0
고등학교: 26.0 / 23.8
대학교 이상: 33.0 / 16.3
전체: 22.8 / 21.9

사회적 이동이 일어났다. 일자리와 함께 교육도 소득 계층을 이동시키는 중요한 사다리이다. 교육수준을 중학교 이하, 고등학교, 대학교 이상으로 구분해 소득 계층 이동에 끼친 효과를 파악했다.

예상한 대로 최근 3년 동안 평균적으로 대학교 이상 교육에서 가처분소득의 계층 상향이 가장 높았고(33퍼센트), 그다음이 고등학교(26퍼센트), 중학교 이하(16퍼센트) 순이었다. 반면 최근 3년간 평균적으로 중학교 이하 교육(36퍼센트)에서 가처분소득의 계층 하향이 가장 높은 대신 대학교 이상(16.3퍼센트)에서 가장 낮았다. 교육수준별로 가처분소득의 유지 비율은 대체로 50퍼센트 수준이었다. 종합해보면 교육수준에 따라 소득 계층이 양극화, 고착화되는 경향을 보였다.

특히 중학교 이하에서 가처분소득 계층이 내려간 비율(36.0%)이 올라간 비율(16.0%)을 2배 이상 앞지른 것으로 분석되었다. 따라서 고등학교 및 중학교 이하 교육은 소득 계층의 상향이동을 위한 희망의 사다리로서 역할이 미약했다. 교육이 가처분소득의 상향이동에 끼치는 효과에서 대학교 이상 교육과 고등학교 이하 교육 간 격차가 더 벌어지고 있음이 관찰되었다.

교육수준별 소비지출 계층 이동성

교육수준별로 소비지출 계층이동이 양극화 내지 고착화되었다. 소비지출의 계층 상향이동에서도 최근 3년 동안 평균적으로 대학교 이상 교육에서 가장 높았고(40.9퍼센트), 그다음이 고등학교(27.8퍼센트), 중학교 이하(14.6퍼센트) 순이었다.

반면 최근 3년간 계층 하향이동 비율은 거꾸로 중학교 이하에서 44.9퍼센트로 가장 많이 내려갔고, 고등학교에서 29.4퍼센트, 대학교 이상에서는 17.5퍼센트에 불과했다. 교육수준별로 최저 계층인 1분위에서 소비지출의 상위 분위로 올라간 상향이동 비율을 비교해보면, 중학교 이하는 17.0퍼센트, 고등학교는 44.4퍼센트, 대학교 이상은 62.8퍼센트로 격차가 컸다.

하지만 중학교 이하 교육에서는 소비지출 계층 하향이동 비율이 현 유지 비율과 상향이동 비율보다 높아서 소비지출의 하향이 현저했다. 반면 대학교 이상에서 소비지출 계층의 상향이동이 가장 높고 두드러졌다. 소비지출의 상향이동에 미치는 효과에서 대학교 이상 교육과 중학교 이하 교육 간 격차가 여전히 컸다. 교육수준에 따라 소비지출 계층이 양극화, 고착화되고 있음이 관찰되었다.

교육수준별 소비지출의 계층이동 비율

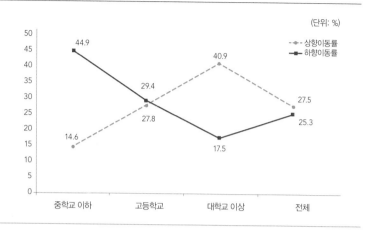

교육수준별 진료비 계층 이동성

교육수준별로 의료비 지출의 계층 이동성은 비교적 활발한 편이었다. 이유는 최근 3년 동안 현 의료비 계층 유지 비율이 30퍼센트 이하인 반면, 상향 또는 하향 비율이 70퍼센트 이상으로 높았기 때문이다. 하지만 의료비 계층 상향비율과 하향비율은 교육수준에 따라 갈라졌다.

최근 3년 동안 교육수준별 의료비 지출의 계층이동 비율을 보면, 3년간 의료비 계층의 상향이동 비율은 대학교 이상에서 65.5퍼센트로 가장 높게 나타났고, 고등학교에서 66.8퍼센트, 중학교 이하에서 63.6퍼센트였다. 반면 최근 3년간 계층 하향이동 비율은 거꾸로 중학교 이하에서 36.7퍼센트로 가장 많이 내려갔고, 고등학교에서

36.9퍼센트, 대학교 이상에서 34.0퍼센트였다. 따라서 교육수준별 의료비 지출에서 상향이동 비율이 하향이동 비율을 크게 앞섰다.

다음으로 교육수준별로 분위에 따라 의료비 계층의 이동을 진단했다. 주목할 결과는 중학교 이하부터 대학교 이상 교육까지 의료비 지출 1분위와 2분위에서 계층 상향이 공통적으로 가장 높게 관찰된 점이다. 중간소득층 이하에서 의료비 지출의 계층 상향이동이 상대적으로 활발했음을 발견할 수 있었다. 이것은 교육수준과 관계없이 상대적으로 건강상태가 취약한 저소득층에서 외래진료와 입원진료가 빈번해지면서 의료비 지출이 증가했던 것으로 풀이된다.

일자리 유형별 사회적 이동성

일자리 유형의 소득 계층 이동성

일자리 유형의 소득 계층 이동성은 약했으나, 준전문관리직에서 소득 계층 상향이동이 상대적으로 활발했다. 일자리는 꿈을 실현하고 소득 계층을 이동시키는 희망의 사다리로서 행복한 삶을 열어가는 터전이다.

누구나 실제 일자리가 희망의 사다리로서 소득 계층을 위로 이동시키는 역할을 활발히 해주기를 기대한다. 하지만 현실은 반드시 그렇지 않을 수 있다. 일자리에 따라 소득 계층을 고착시키거나 오히려 아래로 이동시켜 불평등과 양극화를 부추길 수도 있다.

직업 및 직업 계층 구분

직업군(가계복지금융 패널조사)	직업 계층
관리자	전문관리직
전문가 및 관련 종사자	
사무 종사자	준전문관리직
서비스 종사자	일반숙련직
판매 종사자	
농림어업 숙련 종사자	
기능원 및 관련 기능 종사자	저숙련직
장치·기계 조작 및 조립 종사자	
단순 노무 종사자	

주: '직업 계층'은 여유진 외, 《표 5-3》 서비스 경제에서의 직업 계층 분류, 2015, 152쪽 참고.

일자리를 네 가지 유형, 즉 전문관리직, 준전문관리직, 일반숙련직 및 저숙련직으로 분류해 일자리 유형별 소득 계층(가처분소득 기준)의 이동성을 진단해보자.

일자리 유형 중 최근 3년간 가처분소득 계층의 상향이동이 가장 활발한 직업 계층은 사무 종사자인 준전문관리직이었다. 그다음이 전문관리직, 일반숙련직, 저숙련직 순이다. 특히 각 직업 계층에서 공통적으로 1분위에서 가처분소득 계층의 상향이동이 컸다. 전문관리직과 준전문관리직의 경우, 최근 3년 동안 1분위에서 가처분소득 계층의 상향이동은 각각 76.9퍼센트와 88.1퍼센트에 이를 정도로 가장 두드러졌다. 즉 저소득층인 1분위에서 소득 계층이 높은 계층으로 긍정적인 사회적 이동이 일어났음을 발견할 수 있었다.

하지만 일반숙련직과 저숙련직에서는 현 소득 계층의 유지 비율이

일자리 유형별 소득 계층 이동성(2015~2017)

- 소득 계층의 상향이동 비율
  - 준전문관리직(41.1퍼센트) > 전문관리직(37.1퍼센트) > 저숙련직(26.0퍼센트)
    > 일반숙련직(25.1퍼센트)
- 1분위 소득 계층의 상향이동 비율
  - 준전문관리직 88.1퍼센트, 전문관리직 76.9퍼센트
- 준전문관리직과 전문관리직에서 소득 계층의 상향이동이 활발

일자리 유형별 가처분소득의 계층이동 비율

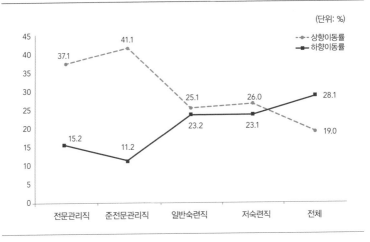

(단위: %)

전문관리직과 준전문관리직에 비해 여전히 높은 반면, 소득 계층의 상향이동 비율은 현저히 낮았다. 1분위에서 소득 계층이 높은 계층으로의 상향이동하는 비율에서도 전문관리직과 준전문관리직이 일반숙련직과 저숙련직보다 2배 이상 높은 것으로 관찰되었다.

최근 3년 동안 일자리 유형별 가처분소득의 계층이동 비율을 보면, 계층 상향이동 비율은 전문관리직(37.1퍼센트)과 준전문관리직(41.1퍼센트)에서 상대적으로 높았다. 반면 저숙련직(23.1퍼센트)과 일반숙련직(23.2퍼센트)에서는 계층 하향이동 비율이 상대적으로 높았다. 전체적으로는 일자리 유형별 가처분소득은 하향이동 비율(28.1퍼센트)이 상향이동 비율(19.1퍼센트)을 앞섰다. 따라서 최근 3년 동안 가처분소득의 상위 분위로 올라가는 데 일자리 유형에서 전문관리직과 준전문관리직이 보다 적극적인 사다리 역할을 한 것으로 관찰되었다.

그 결과 가처분소득의 계층 상승에서 전문관리직과 준전문관리직, 그리고 일반숙련직과 저숙련직 간의 상대적 격차는 더 벌어졌다. 따라서 상위 직업에서 소득 계층 상승이 활발한 반면, 하위 직업에서는 소득 계층 상승이 저조한 것으로 나타남으로써 직업유형별 소득 계층 이동에서 양극화가 발생했다.

일자리 유형의 소비지출 계층 이동성

하위 소비지출(40퍼센트) 계층의 상향이동이 활발했다. 일자리 유형 중 최근 3년간 소비지출 계층이동이 가장 활발한 직업 계층은 사무 종사자인 준전문관리직이었다. 그다음이 전문관리직, 저숙련관리직, 일반숙련직 순이었다.

각 직업 유형에서 공통적으로 1분위에서 소비지출 계층의 상향이동이 컸고, 특히 전문관리직과 준전문관리직의 경우 최근 3년 동안 1분위에서 소비지출 계층의 상향이동은 각각 68.5퍼센트와 85.6퍼

일자리 유형별 소비지출의 계층이동 비율

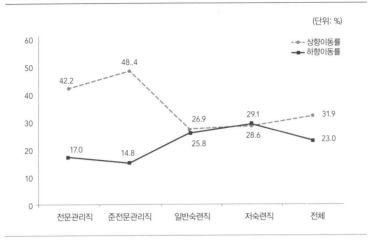

(단위: %)

- ● - 상향이동률
- ■ 하향이동률

42.2
48..4
26.9
29.1
31.9
17.0
14.8
25.8
28.6
23.0

전문관리직　준전문관리직　일반숙련직　저숙련직　전체

센트에 이를 정도로 가장 두드러졌다. 이것은 저소비지출 계층인 1분위에서 소비지출 계층이 높은 계층으로의 적극적인 사회적 이동이 일어나고 있다는 말이다.

하지만 이런 소비지출 분위별 소비지출 계층의 상향이동과는 달리 직업유형별로 비교해볼 때, 일반숙련직과 저숙련직에서 현 소비지출 계층의 유지 비율이 여전히 높았다. 대조적으로 전문관리직과 준전문관리직에서는 소비지출 계층의 상향이동이 뚜렷했다. 저소득층인 1분위에서도 소비지출의 상향이동 비율에서 전문관리직과 준전문관리직이 일반숙련직과 저숙련직보다 2배 이상 높은 것으로 발견되었다. 따라서 소비지출의 계층 상승에서 전문관리직과 준전문관리직, 그리고 일반숙련직과 저숙련직 간의 상대적 격차는 더 벌어졌다.

일자리 유형의 의료비 지출 계층 이동성

최근 3년 동안 의료비 지출의 계층 이동성이 가장 활발했다. 의료비 지출에서 평균적으로 계층이동을 한 사람들(71.3퍼센트)이 현재 계층을 유지한 사람들(28.7퍼센트)보다 약 2.5배나 많았다. 이러한 현상은 각 일자리 유형에서 유사하게 나타났다. 하지만 각 일자리 유형에서 의료비 계층 이동성은 활발했지만, 일자리 유형별 의료비 계층 이동의 질적인 측면은 매우 대조적이다. 전문관리직과 준전문관리직에서는 의료비 계층 상승이 뚜렷한 반면, 일반숙련직과 저숙련직에서는 의료비 계층 하락이 두드러졌다. 두 직업 유형 간에 의료비 계층 이동이 이분화되고 있음이 관찰되었다.

주목할 만한 사회적 이동도 발견되었다. 각 일자리 유형에서 의료비 지출 1분위와 2분위에서 계층 상향이동이 공통적으로 가장 높게 나타났을 뿐만 아니라 일반숙련직과 저숙련직의 1분위에서도 계층 상향이동이 활발히 일어났다. 보편적 의료서비스에 기여할 것으로 기대된다.

최근 3년 동안 일자리 유형별 계층 이동성을 종합해보면, 의료비 지출의 계층 상향이동(35.8퍼센트)이 가장 높았고, 그다음이 소비지출 계층 이동(31.9퍼센트), 순자산 계층 이동(24.1퍼센트), 가처분소득 계층 이동(19.1퍼센트) 순으로 나타났다.

최근 3년 동안 일자리 유형별 상위 계층으로 이동을 하는 데 전문관리직과 준전문관리직이 보다 적극적인 사다리 역할을 한 것으로 발견되었다.

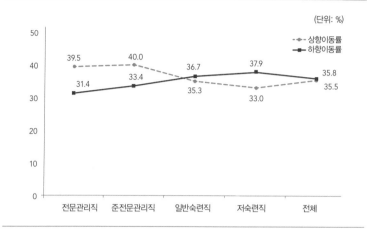

세대 간 불평등 및 사회적 이동성

불평등과 양극화는 동일 세대뿐 아니라 부모에서 자녀세대로 전이되어 세대 간 사회적 이동에도 영향을 끼친다. 공정한 경쟁과 기회의 평등이 이뤄지는 개방적이고 열린 사회적 생태계가 후퇴한다면, 사회적 이동은 제약받을 수밖에 없다. 여기에서는 세대 간 사회적 이동성에 주된 영향을 끼친 소득, 일자리, 교육에 초점을 맞춰 진단한다(분석자료로 교육고용패널 혹은 노동패널 원시자료 사용). 세대 간 소득 격차와 소득불평등의 관계를 나타내는 개츠비 곡선부터 출발해보자.

개츠비 곡선

정상적인 개츠비로서 사회적 이동은 가능할까? 세대 간 격차와

개츠비 곡선

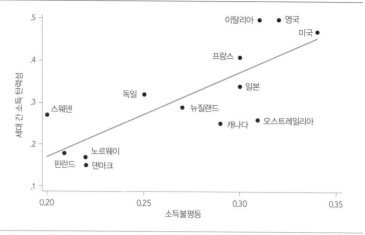

자료: Corak (2013) and OECD.
재인용: Corak, Miles, "Income inequality, equality of opportunity, and intergenerational mobility", The Journal of Economic Perspectives 27.3, 2013, pp. 79~102.

불평등이 악화되어 사회적 이동이 약화되고 소득 계층이 고착화된다면 사회적 긴장과 갈등도 고조될 수밖에 없다. 소위 '위대한 개츠비 곡선'은 세대 간 불평등의 굴레가 전이되는 현상intergenerational transmission of inequality을 사회적 이동성과 연계시켰다. 국제적인 비교분석을 위해 버락 오바마 미국 대통령의 경제자문위원회 앨런 크루거 위원장이 개발한 곡선이다.

영화 〈위대한 개츠비〉의 주인공 개츠비는 가난한 농부의 아들로 태어나 퇴역장교로서 어둠의 세력과 손을 잡고 짧은 세월에 출세한 인물이다. 개츠비 곡선은 경제적 불평등이 심한 국가일수록 경제적 대물림이 일어나서 개츠비처럼 불의로 벼락출세하는 경우를 제외하고는 다음 세대가 하위 소득 계층에서 상위 소득 계층으로 이동하는 것

개츠비 곡선	소득불평등과 사회적 이동성 약화는 비례관계
	소득불평등 심화 → 사회적 이동성 약화

이 어렵다는 사실을 보여준다.[12] 그림의 개츠비 곡선은 수평축에서 소득의 불평등을 나타내는 지니계수(가계 가처분소득 기준)를, 수직축에서 세대 간 소득의 연계성을 보여주는 세대 간 소득 탄력성(부모의 소득 증가가 자식의 소득 증가에 끼치는 영향)을 나타낸다. 세대 간 소득 탄력성이 클수록(수직축의 값이 커질수록) 부모의 소득과 자식의 소득 간 연계성이 높기 때문에 세대 간 사회적 이동성이 낮음을 의미한다.

예를 들면 소득불평등 수준이 높은 미국, 영국, 이탈리아 등에서는 세대 간 소득의 연계성, 즉 소득 이동성intergenerational earnings mobility이 높아 다음 세대에도 불평등이 계승될 가능성이 컸다. 하지만 소득불평등이 상대적으로 낮은 덴마크, 노르웨이, 핀란드, 스웨덴 등의 노르딕 국가에서는 세대 간 소득 이동성이 낮게 나타났다. 즉 소득불평등이 낮은 이 국가에서는 노력과 능력에 따라 계층이동의 가능성이 높은 것으로 관찰되었다. 사회적 이동성이 높으면, 부모의 소득과 자식의 소득 간 상관관계가 낮다. 그 결과 노르딕 국가들은 사회통합성과 세대 간 이동성이 상대적으로 높았다.

개츠비 곡선에서 보듯 소득불평등과 사회적 이동성 약화는 비례관계로 나타났다. 소득불평등이 심화되면 사회적 이동성도 약화되었다. 미국과 캐나다의 세대 간 소득 탄력성을 비교해보면, 미국은 0.5,

캐나다는 0.25로 미국이 약 2배 높았다. 캐나다에 비해 미국에서 경제적 대물림이 심해 세대 간 사회적 이동이 낮은 것으로 나타났다.

한국도 사회적 이동성이 하락하고 있는 것으로 나타났다. 최하위 그룹에 있던 계층이 최소한 한 단계 이상 올라갈 확률인 계층이동 확률transition probability은 1990년대 후반에는 40퍼센트대였고, 이후 30퍼센트대로 계속 하락하고 있다. 상위 소득 계층으로 상향이동할 가능성을 낮게 보는 반응이 나오는 이유이다.

소득의 세대 간 이동성과 소득 격차

세대에 걸쳐 소득은 연관성이 있을까? 우리 사회에서 세대 간 소득의 이동성을 분석하는 데 자료의 제약이 있기는 하지만, 여기에서는 교육고용패널 자료를 활용해 세대 간 소득의 이동성을 짚어보자. 교육고용패널 기초자료로써 부모세대의 소득 계층이 자녀세대(2004년 고3 코호트)의 소득(월평균 임금)수준과 자녀의 소득 계층과 어떤 연관성이 있는지 각각 추적했다. 분석 결과 부모의 소득 계층과 자녀의 임금수준은 상당한 연관성이 있었다.

그림과 같이 부모의 소득 계층이 높을수록 자녀의 소득수준도 대체로 높았다. 예를 들면 부모의 소득이 5분위일 경우 자녀의 월평균 임금소득은 185만 원인 데 비해 부모의 소득이 1분위일 경우 자녀의 월평균 임금소득은 159만 원으로 약 14퍼센트의 소득 격차가 있었다. 특히 부모세대의 소득 계층이 낮은 1, 2분위보다는 3분위 이상으로 올라가면서 자녀세대 간 소득 격차가 가파르게 벌어지고 있어서

부모의 소득 계층과 자녀의 임금소득

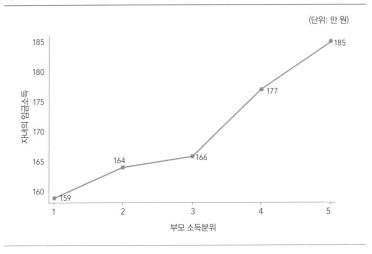

부모세대가 상위 소득 계층일수록 자녀세대 간 소득 격차가 큰 것으로 관찰되었다.

부모세대의 소득 계층과 자녀세대(2004년 고3 코호트)의 소득 계층의 연관성에서도 주목할 만한 결과가 도출되었다. 다음 그림에서 보는 바와 같이 부모의 소득 계층이 높을수록 자녀도 상위 소득 계층에 속하는 비중이 높았다.

예를 들면 자녀세대가 상위 소득 계층인 5분위와 4분위에서 차지하는 비율이 부모세대의 소득 계층과 비례하는 것으로 나타났다. 반면 자녀세대의 하위 계층인 소득 2분위에서 차지하는 비율은 부모세대의 소득 계층과 반비례했다.

특히 자녀세대에서 소득 계층 상승이 컸던 긍정적인 사회적 이동

부모의 소득 계층과 자녀의 소득 계층

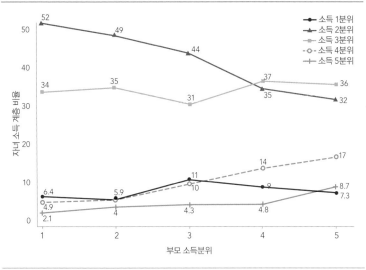

자료: 교육고용패널

도 발견되었다. 1분위였다. 부모가 저소득층인 1분위라고 하더라도 자녀가 1분위를 벗어나 2분위 이상으로 상향이동한 비중이 90퍼센트가 넘는 적극적인 이동이 일어났다. 다시 말하면 부모들이 저소득층인 세대에서 자녀들의 소득 계층 이동성이 상대적으로 큰 긍정적인 변화가 발견되었다.

반면 부모 소득의 상위 소득층(4분위, 5분위)에서 자녀 소득과의 세대 간 연계성이 여전히 커서 자녀 소득도 상위 소득층(4분위, 5분위)에서 차지하는 비율이 5분위에서 25퍼센트, 4분위에서 18.8퍼센트에 이르고 있었다. 이런 점에서 상위 소득 계층에서 부모세대와 자녀세대 간 소득 계층의 상당한 연관성이 발견되었다.

다음으로 세대 간 소득(가구주 소득) 격차를 소득 계층별로 비교했다(가계동향조사). 부모세대(1990)와 자녀세대(2017) 간(30~59세) 소득 격차를 소득분위별로 분석한 결과, 상위 소득 계층으로 올라갈수록 양 세대 간의 소득 격차가 크게 나타났다.

예를 들면 자녀세대와 부모세대 간의 소득 격차(자녀 소득/부모 소득)가 1분위에서는 2.21배인 데 비해 5분위에서는 4.84배로서 2배 이상 소득 격차가 벌어졌다. 경제발전에 따라 소득도 늘어났지만, 자녀세대의 소득이 상위 소득 계층으로 갈수록 부모세대의 소득과 비교해 더 큰 폭으로 증가함으로써 세대 간 소득불평등과 양극화를 더욱 악화시켰다.

일자리의 세대 간 이동성

세대에 걸쳐 소득 계층별 일자리 이동의 실상은 어땠을까? 세대 간 소득 계층별로 가구주 종사자의 지위 변화를 비교해보았다.

부모세대(1990)와 자녀세대(2017)의 일자리 변화(30~59세)를 소득분위별로 분석한 결과(가계동향조사), 상위 소득 계층인 5분위에서 부모세대보다 자녀세대에서 상용근로자로의 일자리 이동(57.9퍼센트→70.3퍼센트)이 두드러진 반면 저소득층, 특히 1분위에서는 상용근로자 비중이 급감(52.2퍼센트→23.7퍼센트)하는 대신 임시·일용직으로의 일자리 이동(11.2퍼센트→51.0퍼센트)이 현저하게 나타났다. 따라서 상위 소득 계층은 상용근로자로, 하위 소득 계층은 임시·일용직으로 일자리 이동이 컸다.

교육의 세대 간 이동성

과연 교육은 세대에 걸쳐 사회적 이동성에 얼마나 기여했을까? 교육은 인격과 지성을 연마해 성숙되고 가치 있는 삶과 미래를 열어갈 인재를 육성하는 데 기본 가치를 두고 있다. 이런 점에서 교육을 받을 권리는 기본적인 인권이다. 건전한 시민으로서, 더불어 화합하는 사회인으로서 배우고 익혀야 할 소양과 역량은 개인의 삶뿐 아니라 사회발전의 원동력이다.

인류 역사의 발전은 교육의 발전과 그 궤를 같이할 정도로 밀접하게 연관되어왔다고 해도 과언이 아니다. 교육을 통한 지식의 축적과 기술 발전이 인간의 삶과 경제·사회적 성장을 견인해왔다는 사실을 부인할 사람은 없을 것이다. 그러기에 우리는 교육이야말로 인류 발전의 동력이요, 희망의 사다리라고 믿어왔다.

중산층이 두터운 사회로 발전해가는 데 교육은 불평등 완화와 사회적 이동의 열쇠로 받아들여져왔다. 2차 세계대전 이후 많은 국가에서 불평등이 완화되고, 불평등이 수렴의 과정을 걸어온 것도 보편적 교육이 확산되어 교육수준이 높아졌기 때문일 것이다. 경제발전을 하기 위해서 다양한 투자가 뒷받침되어야 하지만, 국가의 가장 중요한 투자는 국민에 대한 투자, 특히 교육 투자이다. 도로나 철도 등 물리적 자산에 대한 투자도 필요하지만, 인적자산에 대한 투자가 우선이다. 한국은 교육열이 높은 데다 교육에 대한 적극적인 투자로 경제성장과 함께 소득불평등을 완화해온 대표 국가였다.

그러나 지난 20~30년 동안 불평등이 심화되면서 시민으로서, 또

소득자로서 더 행복한 삶을 열어가게 해야 할 교육이 사회적 불평등을 증폭시킬 수 있다는 역설에 주목하지 않을 수 없게 되었다. 사회적 이동성을 높이고 중산층 중심 사회로 발전하기 위한 교육의 사회통합적 역할이 후퇴하고, 교육의 기회와 접근성이 제약받는다면, 교육이 사회적 불평등과 양극화를 완화하는 데 기여하지 못한다는 우려가 현실화될 수 있다.

과연 교육이 사회적 불평등을 완화하는 데 적극적인 기여를 하고 있을까? 교육의 사회적 통합성과 관련된 이슈에는 교육에 대한 접근성 문제와 교육의 세대 간 이전 문제가 있다.

첫째, 교육을 받을 권리는 기본 권리에 속한다. 하지만 부유한 나라와 가난한 나라, 부유한 가정과 가난한 가정의 초중등교육부터 대학교육까지 접근성의 차이는 여전히 해소되지 못하고 있다. 한국의 경우 초중등교육에의 접근성에는 별문제가 없으나, 대학교육에 대한 접근성은 소득 계층에 따라 상당히 차이가 있는 것으로 나타났다. 분석 결과 우리 사회에도 소득 계층에 따라 자녀들이 대학에 진학하는 데 불균형이 여전히 존재하고 있었다. 저소득층 자녀들에게 대학의 문턱은 높게 다가올 수 있다. 고등교육에 대한 불평등한 접근성은 소득불평등 완화의 사다리로서 대학교육의 본래 역할과는 역설적인 사회상이다.

둘째, 교육의 세대 간 이전 문제 또한 사회적 이동과 사회적 통합성에 중요한 변수가 된다. 부모세대의 교육수준이 자녀세대의 학업성취에 연관될 수 있다. 부모의 교육수준과 자식의 교육수준 및 학업성취도 사이의 연관성에 따라 교육도 세대 간에 이전되어 세대 간 사회적 이동에 영향을 끼칠 수 있다. 일반적으로 가난한 부모의 교육수준이 상대적으로 낮아서 그 자녀들도 교육수준이 낮게 된다면, 자녀들의 사회적 이동을 위한 희망의 사다리라는 교육의 역할에 제동이 걸릴 수밖에 없을 것이다. 여기에서는 한국교육고용패널 자료(2004년 고3 코호트 학생 또는 2004년 중3 코호트 학생 대상, 원표본 4,000명 중 2,198명 관측치)와 한국노동패널 자료를 사용해 교육의 세대 간 연관성을 살펴본다.[13]

① 부모의 교육수준과 자녀의 학업성취도

먼저 부모세대의 교육수준과 자녀세대(2004년 고3 코호트)의 학업성취도로서 대학입시수학능력시험 성적과의 연관성을 보자. 분석 결과 자녀들이 수능 1~2등급 또는 수능 3~4등급을 받은 비율은 부모세대의 교육수준과 비례한 반면, 수능 5~6등급과 7~9등급을 받은 비율은 부모세대의 교육수준과 반비례했다.

그림과 같이 부모의 학력이 높을수록 수능 1~2등급의 비중이 높은 반면, 수능 7~9등급의 비중은 낮았다. 예를 들면 부모가 대학원을 졸업한 경우, 자녀가 수능 1~2등급을 받은 비중은 21퍼센트였으나, 수능 7~9등급을 받은 비중은 6.2퍼센트에 불과했다. 하지만 부모가 고등학교 미만 졸업자인 경우, 자녀가 수능 1~2등급을 받은 비중은 2.4퍼센트로 저조한 반면, 수능 7~9등급을 받은 비중은 39퍼센트로 가장 높았다. 부모의 교육수준과 자녀의 수능 성적 간 연관성을 보여주는 결과라고 풀이될 수 있다. 따라서 부모의 교육수준과 자녀의

부모의 교육수준과 자녀의 수능 성적

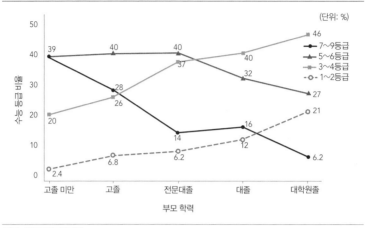

자료: 한국교육고용패널

수능 성적 등급 분포로 볼 때, 세대 간 학업성취의 상향이동과 세대 간 교육의 상향이동이 약화되고 있음을 알 수 있다.

② 부모의 교육수준과 자녀의 소득 및 소득 계층

부모세대의 교육수준은 나아가 자녀세대의 소득(월평균 임금)수준과 소득 계층과도 연관성이 있는 것으로 관찰되었다. 그림에서 부모의 교육수준이 높을수록 자녀의 소득수준도 대체로 높았다. 예를 들면 부모의 최종학력이 대학 또는 대학원 이상인 경우 자녀의 월평균 임금소득은 200만 원 이상인 데 비해, 부모의 교육경력이 고등학교 미만인 경우 자녀의 월평균 임금소득은 172만 원으로 약 18퍼센트 소득 격차를 보였다.

부모의 교육수준과 자녀의 임금소득(월평균)

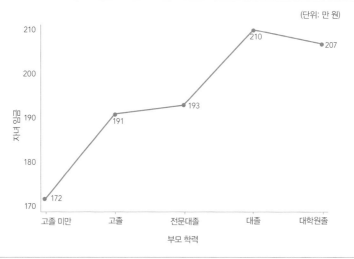

자료: 한국교육고용패널

　　부모세대의 교육수준과 자녀세대(2004년 고3 코호트)의 소득 계층 간 연관성에서도 주목할 만한 결과가 도출되었다. 부모의 교육수준이 높을수록 자녀도 상위 소득 계층에 속하는 비중이 높았다. 예를 들면 부모가 대학원 이상 졸업을 한 경우, 자녀가 중간 계층 이상(3~5분위)에 속한 비중이 56퍼센트였고, 1분위에 속한 비중은 12퍼센트에 불과했다. 반면 부모의 최종학력이 고졸 미만인 경우, 자녀의 중간 계층 미만(1~2분위) 비중은 61.9퍼센트로 높은 데 비해 상위 소득 계층인 5분위는 1.9퍼센트로 아주 낮았다. 따라서 부모의 교육수준이 자녀의 수능 성적과 임금소득 및 자녀의 소득 계층에도 세대 간 이력효과를 보였다.

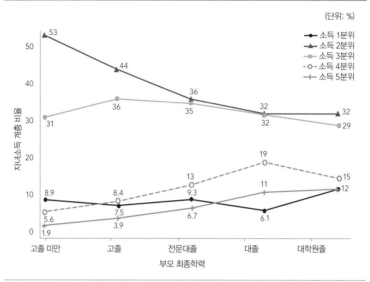

(단위: %)

자료: 한국교육고용패널

③ 부모의 소득 계층과 자녀의 학업성취도

나아가 부모세대의 소득 계층과 자녀세대(2004년 중3 코호트)의 수능 성적 간의 연관성을 살펴보자. 부모의 교육수준과 자녀의 수능 성적 간의 연관성 못지않게 부모의 소득 계층과 자녀의 수능 성적 간 연관성도 관찰되었다. 분석 결과 자녀들이 수능 1~2등급 또는 3~4등급에서 차지하는 비율이 부모세대의 소득 계층과 비례하는 반면, 수능 5~6등급 또는 7~9등급은 부모세대의 소득 계층과 반비례했다.

부모의 소득 계층이 높을수록 수능 1~2등급의 비중이 높은 반면, 수능 7~9등급의 비중은 낮았다. 예를 들면 부모의 소득이 가장 높

부모 소득계층과 자녀의 수능성적

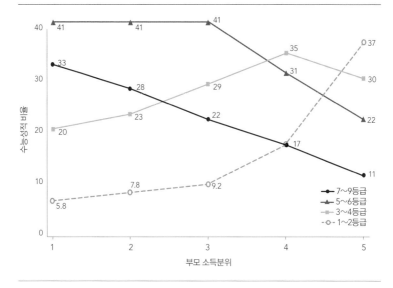

은 5분위인 경우, 자녀가 수능 1~2등급을 받은 비중은 37퍼센트였으나, 수능 7~9등급을 받은 비중은 11퍼센트에 불과했다. 하지만 부모의 소득이 낮은 1분위인 경우, 자녀가 수능 1~2등급을 받은 비중은 5.8퍼센트로 저조한 반면, 수능 7~9등급을 받은 비중은 33퍼센트로 가장 높았다. 부모의 소득 계층과 자녀의 수능 성적 간에도 상당한 연관성을 찾을 수 있는 사례이다.

3부

사회통합과
신성장전략

3부는 불평등과 갈등을 완화하고 사회적 통합과 성장을
이끌 새로운 패러다임과 전략을 통찰한다. 불평등 완화
와 경제성장은 함께 풀지 않으면 안 된다. 그 해법을 통합
의 콘텐츠와 사회통합적 신성장전략에서 찾고자 한다. 사
회적 통합의 궤도 이탈을 복원하기 위해서는 무엇보다도
통합의 기반이 폭넓게 자리 잡고 있어야 할 것이다. 사회
통합의 윤리와 가치를 세우고, 통합의 생태계를 확산해
자본주의와 민주주의의 조화 속에서 그 통합의 기반을
두텁게 해나가야 한다.

11장
통합 콘텐츠가 답이다

    지구촌 경제는 불평등을 안고 성장과 후퇴를 반복하며 오늘에 이르렀다. 어쩌면 소득과 부의 불평등은 인류의 운명과도 같다. 하지만 불평등이 일정 수준을 넘어서면 정치·경제·사회적인 갈등과 불신에 의한 사회적 불안정을 유발한다. 사회적 이동과 사회적 결속력을 약화시킴으로써 지속 가능한 균형 잡힌 성장도 위협한다.

    1930년대 대공황과 2008년에 불거진 글로벌 금융위기로 인한 세계 경제 침체, 금융위기 이후 나타나고 있는 저성장과 실업, 경기회복의 지연, 도처에서 분출된 분노와 갈등으로 야기된 사회적 시련을 체험해왔다.

    우리 헌법 제119조는 경제 질서와 함께 사회통합에 관한 기본정신을 담고 있다. 헌법 제119조 제1항은 "대한민국의 경제 질서는 개인과 기업의 경제상의 자유와 창의를 존중함을 기본으로 한다"라는 자유 시장경제 질서를 천명하고 있다.

여기에 헌법 제119조 제2항은 "국가는 균형 있는 국민경제의 성장 및 안정과 적정한 소득의 분배를 유지하고, 시장의 지배와 경제력의 남용을 방지하며, 경제주체 간의 조화를 통한 경제의 민주화를 위하여 경제에 관한 규제와 조정을 할 수 있다"라는 국민경제의 균형과 조화를 위한 국가의 역할을 포함한다.

사회적 통합의 기반은 경제·사회적 격차로 인한 상대적 위화감이 분열과 갈등을 유발하지 않도록 건강한 공동체의 생태계를 넓혀가는 데 있다. 그런데 사회적 통합의 이상과 현실의 간격은 산 정상과 해수면만큼 높고 멀다. 단기적으로, 인위적으로, 물리적으로 해소할 수는 없다는 말이다. 헌신과 희생, 책임과 같은 일방적인 요구만으로 이뤄질 수도 없다.

이탈된 통합의 궤도를 복원하기 위해서는 무엇보다도 통합의 기반이 폭넓게 자리 잡고 있어야 한다. 바로 통합 콘텐츠이다. 개방적이고 포용적인 사회문화, 협력과 협치를 통한 이해관계의 조정, 공동체로서 추구해야 할 공동선을 존중하는 북유럽 노르딕 국가들은 통합 콘텐츠를 조성하는 일에 성공한 국가들로 꼽힌다.

여기에서는 한국 사회의 통합에 대한 국제적 평판을 먼저 짚어본 다음 통합의 콘텐츠로서 통합의 윤리와 통합의 가치, 그리고 통합의 생태계를 모색한다.

사회적 통합에 대한 국제적 평판

세계는 한국 사회를 어떻게 보고 있을까? 사회적 통합은 내적으로 는 구성원들의 상호 소통과 신뢰, 화합과 협력, 기회의 평등과 결속을 이루며, 외적으로는 지속 가능한 사회발전과 삶의 질을 높이고 궁극 적으로 행복한 사회를 구현하는 기반이다.

이해의 대립과 갈등 속에서도 협력과 협치의 끈을 놓지 않고 신뢰 를 저버리지 않으며 공동선을 추구해가는 구심력이 바로 사회통합이 다. 사회통합을 이루기 위해서는 (1) 구성원들의 갈등을 해소하고 신 뢰와 협력을 이끌어낼 사회적 자본의 축적, (2) 빈곤, 불평등과 격차, 양극화를 완화할 사회적 포용성, (3) 시민들의 공동체 참여와 준법정 신 및 건전한 시민문화가 뒷받침되지 않으면 안 된다.

아리스토텔레스가 주장한 훌륭한 시민의 미덕과 칸트가 제시한 자유와 자율을 보편적 행동 기준으로 존중하는 사회적 덕목은 성숙 한 공동체로 발전하기 위한 시민사회의 토양이다. 그 토양 속에서 인 간의 기본 권리인 인권과 민주주의의 발전, 화합과 신뢰의 공동선 문 화는 인류의 공존과 공영에 이바지해왔다.

21세기 인류 사회는 대변혁기를 맞고 있다. 지구촌은 디지털·정보 문명으로 초연결 시대에 살고 있다. 하지만 국제적 분쟁과 테러, 자국 중심의 리더십, 적대감과 불확실성의 위협에 직면하면서 인류가 소망 했던 공동체의 가치와 결속력은 후퇴를 거듭하고 있다.

한국도 예외가 아니다. 산업화 이후 경제성장과 함께 소득 증가와 재분배를 통해 미래에 대한 희망의 사회적 에너지가 확산되면서 우

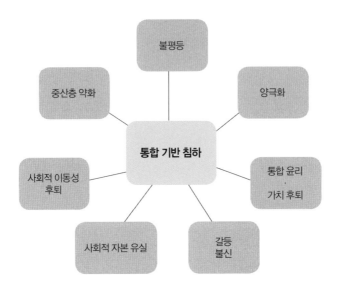

리의 사회통합 수준은 올라갔다. 하지만 1990년대 후반 외환위기와
21세기 초 글로벌 금융위기를 겪으며 계층, 세대, 지역, 노사, 이념 간
분열과 갈등으로 사회통합은 뒷걸음치고 있다. 심지어 불평등과 양극
화 속에 흙수저, 금수저, 3포 세대 등 냉소주의적이고 자기비하적인 분
위기도 표출되었다. 청년 실업 증가로 희망의 사다리가 휘청대고 있다.

통합의 범주는 아주 넓고 포괄적이다. 국민대통합위원회(여유진 외
5인, 2013, 59쪽)의 조사 결과에 의하면, 통합이란 평등하고 공평한 사
회를 만드는 것(32.2퍼센트), 깨끗하고 투명한 사회를 만드는 것(28.6퍼
센트), 사회적 갈등을 잘 해소하는 것(28.0퍼센트), 강하고 경쟁력 있는
나라를 만드는 것(11.3퍼센트) 등이라고 응답했다.[1] 통합은 다양한 영
역에서 추구해야 할 보편적 가치이지만, 여기에서는 사회적 통합에 초

사회통합 국제 비교

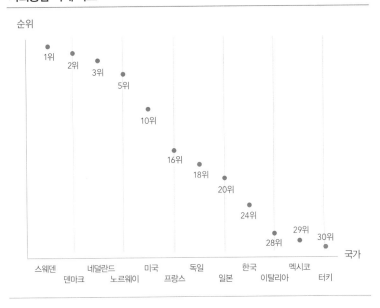

순위

1위 스웨덴
2위 덴마크
3위 네덜란드
5위 노르웨이
10위 미국
16위 프랑스
18위 독일
20위 일본
24위 한국
28위 이탈리아
29위 멕시코
30위 터키

국가

점을 둘 것이다.

　사회적 통합을 측정하는 지표로서 국내외적으로 다양한 요소가 지적되어왔으나, 핵심적이고 공통적인 요소로는 (1) 경제·사회적 여건 (불평등, 양극화, 빈곤, 고용, 이동성), (2) 삶의 기회(교육, 주거), (3) 삶의 질(의료, 건강, 안전, 가족관계, 환경), (4) 신뢰와 협력 및 갈등(이념갈등, 세대 간 갈등, 빈부갈등, 노사갈등, 정규직과 비정규직의 갈등), (5) 사회참여 및 네트워크 등이 있다.

　OECD가 발표한 34개국의 사회통합 관련 핵심지표에서 우리나라의 순위를 위의 그림으로 정리해보았다.

실업률, 고용 보호, 기대수명, 타인 신뢰 등의 사회통합 관련 지표에서 OECD 국가의 중하위권 수준으로 낮게 평가되었다.

1인당 GDP 20위(2012), 지니계수 18위(2011), 빈곤율 25위(2011), 기대수명 14위(2012), 주관적 건강상태 33위(2012), 생활만족도 24위(2014), 집단 간 결속 27위(2010), 시민 참여 20위(2010), 타인 신뢰 13위(2010), 남녀평등 32위(2010), 낮은 실업률(1년 이상) 1위(2013), 장시간 근로 비율 32위(2014), 고용 보호 9위(2013).

OECD가 발표하는 '더 나은 삶 지수Better Life Index'는 소득, 주거, 직업, 교육, 환경, 건강, 일과 삶의 균형 등 11개 부문으로 구성되어 있다. 우리나라는 2017년 평가 대상에서 38개국 중 29위(2014년 25위, 2015년 27위, 2016년 28위)였다. 주거(6위), 교육(10위), 시민 참여(10위) 부문에서는 비교적 좋은 평가였으나, 삶의 질과 관련된 환경(36위), 일과 삶의 균형(35위), 공동체(38위), 삶의 만족(30위) 등에서는 하위권에 머물고 있었다.

유엔 자문기구인 지속가능발전해법네트워크SDSN의 세계행복보고서에서 2018년 우리나라 행복지수는 156개국 중 57위로 발표되었다. 행복지수는 GDP, 기대수명, 부패에 대한 인식, 사회의 너그러움 등으로 산출된다. 영국의 신경제재단NEF이 151개국을 대상으로 조사한 행복지수Happy Planet Index에서도 63위에 그치고 있었다.

그렇다면 이렇게 사회발전에 대한 저조한 국제적 평판 위에서 통합 생태계를 복원하는 일이 지니는 시대적 중요성은 무엇일까?

첫째, 우리 사회는 압축성장을 거친 후 중진국 늪에 빠져 있다. 중진국 병의 공통적인 징후는 사회·경제적으로 분열과 갈등이 심하며, 부패와 비리로 사회청렴도가 낮고, 정치의 사회갈등 봉합도가 낮다는 점이다. 정치가 분열과 갈등의 문제를 민주적인 조정 메커니즘으로 해결해내지 못할 때, 분열과 갈등의 틈새를 파고드는 것이 부패와 비리이다. 이런 중진국 병은 결국 사회적 통합을 가로막게 되고, 사회적 통합이 안 되면 중진국 병의 치료가 어려워지는 사례를 남미나 남유럽에서 보아왔다. 그러기에 우리는 2006년 1인당 GDP가 2만 달러에 진입한 이후 10년이 지나서야 3만 달러에 이르렀다. 일본과 독일이 5년 만에 3만 달러에 진입한 사례와 매우 대조적이다. 따라서 우리 사회의 중진국 병을 극복하기 위해서는 경제적인 성과를 넘어 사회통합의 에너지를 충전하지 않으면 안 될 단계에 있다.

둘째, 통계적으로 진단한 결과를 종합해보면 우리 사회의 격차와 불평등, 그리고 양극화의 갈등과 마찰이 심화되고 있다. 이미 소득집중도는 OECD 국가 중 가장 높은 그룹에 속해 있고, 노인가구의 빈곤층은 40퍼센트를 훨씬 넘었다. 노동시장의 불평등도 심하고, 사회적 이동성도 약화되었다. 소득불평등과 경제성장의 관계에서 밝혀졌듯이 한국 경제에서 최근 30년 동안 경제·사회적 불평등은 경제성장

통합 생태계 복원의 중요성

- 중진국 병: 사회·경제적 분열과 갈등, 사회청렴도 '하下', 정치의 사회갈등 봉합도 '하下'
- 사회적 격차, 경제적 불평등 및 양극화 심화
- 엄청난 사회갈등 비용과 불평등 비용

을 위축시키고 경제 회생을 방해하고 있다. 따라서 저성장의 덫과 마찰적 갈등에 갇혀 있는 우리 사회의 역동성을 회복하기 위해서는 사회통합적 차원에서 사회적 격차와 양극화를 완화하지 않으면 안 될 것이다.

셋째, 우리 사회는 엄청난 갈등 비용을 지불하고 있다. 2016년 한국은 OECD 34개국 중 멕시코, 터키에 이어 세 번째로 갈등이 심한 나라로 나타났다. 갈등과 불평등은 사회적 위험을 증가시킨다. 경제·사회적 생산성을 후퇴시키고, 사회적 불안정과 불신을 확산시킨다. 이미 우리 사회가 GDP의 25퍼센트 이상을 갈등 비용으로 지불하고 있다는 전문기관들의 추정 결과도 제시된 바 있다.

불평등 악화는 소외계층과 저소득층, 빈곤층, 노년층 등을 대상으로 엄청난 사회안전망 구축 비용을 지불해야만 하는 불평등 비용을 발생시킨다. 우리 사회도 불평등 심화로 인해 사회안전망 구축에 필요한 사회복지비가 가파르게 증가하고 있음은 국가 재정구조에서 드러나고 있다. 재정건전성이 뒷받침되지 못하면 선진국에서 경험하고 있는 사회복지제도 자체의 부실과 국가부채 증가로 파급된다. 앞으로 사회통합 수준이 올라가야 갈등 비용을 줄일 수 있을 것이다.

OECD 국가별 사회갈등지수

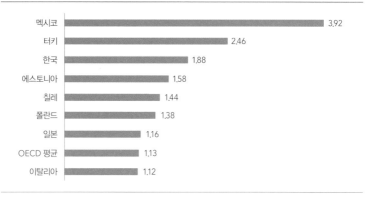

멕시코	3.92
터키	2.46
한국	1.88
에스토니아	1.58
칠레	1.44
폴란드	1.38
일본	1.16
OECD 평균	1.13
이탈리아	1.12

통합의 윤리: 자유·평등, 도덕적 감정·절제, 공정성

공정의 가치와 덕목이 사회적 통합의 기반이라면, 사회적 통합은 공정의 사회적 결실이라고 할 수 있을 것이다. 1장에서 논의한 공정한 사회가 추구해야 할 가치와 덕목을 사회통합을 위한 윤리의 관점에서 조망해볼 것이다.

플라톤은 공정의 가치와 덕목을 시민들뿐 아니라 사회적으로 이성과 용기와 절제가 조화롭게 공존하는 질서라고 보았다. 아리스토텔레스 또한 인간은 사회적 동물이므로 스스로 훌륭한 시민이 되기 위한 덕성을 함양해야 하고, 그 덕성 중에 절제와 조화를 강조했다. 고대 그리스의 플라톤과 아리스토텔레스가 제시한 이런 시민의 덕성과 사회적 덕목은 오늘날 사회적 통합의 윤리적 기반으로 받아들여도 좋을 것이다. 좋은 시민의 덕성인 이성, 용기, 절제, 조화는 2,500년 전에 공자가 강조한 인仁, 어진 마음으로 더불어 살기, 의義, 정의, 예禮, 삶의 질서, 규범,

지智, 지혜의 덕성, 그리고 맹자가 제시한 중용中庸의 덕성과도 맥을 같이 하고 있다고 볼 수 있을 것이다. 바로 여기에 사회통합에 필요한 덕德과 윤리로 타인을 위한 배려와 절제, 공정과 조화, 규범과 지혜가 녹아 있다고 해석할 수 있다.

칸트의 철학은 인간은 존중받아야 할 존엄성을 지닌 이성적이고 합리적인 존재이며, 순수실천이성에 의거해 자유롭게 행동하고 자율적으로 선택하는 존재임을 기반으로 한다. 이런 점에서 인간의 존엄과 이성, 그리고 보편적 행동 기준에 의한 자유와 자율이 존중되어야 건전한 시민공동체로 발전하고, 나아가 사회통합의 윤리적 기반이 확산될 수 있음을 제시해준다.

그 후 18세기 말과 19세기의 미국 독립과 프랑스 대혁명, 산업혁명 대변혁기에 영국을 중심으로 최대 다수를 위한 최대 행복의 원리를 내세운 사상이 공리주의였다. 현실적으로 다양한 이해가 서로 충돌하고 갈등을 빚고 있을 때, 최대 다수를 위한 최대 행복(효용)이라는 실용적인 기준을 사회통합의 원리로 제시한 것이다.

공리주의는 그 후 영국 고전경제학과 자본주의 사상의 기초가 되었다. 고전경제학의 시조인 애덤 스미스는《국부론》에서 국가 경제는 특혜나 독점이 없는 시장경제를 기반으로 하되 공정성이 훼손되어서는 안 된다고 갈파했다. 나아가《도덕감정론》에서 애덤 스미스는 인간은 이기적인 마음에 휩싸여 있기도 하지만, 함께 공감하고 연민하는 이타심과 도덕적인 감정moral sentiments도 내재되어 있다고 보았다. 애덤 스미스의 도덕적 감정에서 맹자가 말한 인간에게 내재된 선한 본성本性,

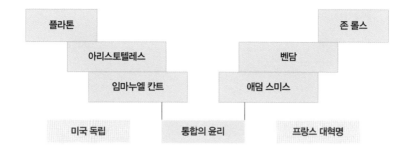

즉 네 가지 선한 마음의 단서端緒인 사단四端을 되새겨볼 필요가 있다. 사단은 측은지심惻隱之心, 불쌍히 여기는 마음, 수오지심羞惡之心, 자신의 잘못을 부끄러워하는 마음, 사양지심辭讓之心, 사양(양보)하는 마음, 시비지심是非之心, 옳고 그름을 판단하는 마음이다. 마음에 대한 위대한 발견이다. 따라서 스미스의 이기적 이타심에 바탕을 둔 도덕적 감정과 맹자의 사단은 공감·성찰·양보하는 인간의 본성을 중심으로 사회통합의 윤리로서 도덕적 감정을 강조했다고 봐야 할 것이다.

20세기에 들어와 존 롤스는 공정의 두 가지 원칙인 평등의 원칙과 차등의 원칙을 제시했다. 자유와 평등의 민주적 기본 가치 위에서 구성원 중 사정이 좋지 않은 사람의 상황을 최대한 배려하는 가운데 개인의 상이한 능력을 발휘할 기회의 평등과 조화를 이뤄야 한다는 측면에서 공정성을 기초로 한 사회통합의 윤리로 보인다.

지금까지 통합의 윤리를 다양하게 조명했다. 종합해보면 인간의 존엄성으로서 자유와 평등, 이기적 이타심의 덕목으로서 도덕적 감정과 절제, 공동체로서 추구해야 할 공리, 그리고 자유와 평등의 조화로서 공정성은 사회통합의 윤리로서 공유, 확산시켜야 할 덕목이다.

통합의 가치: 인권, 민주주의, 공동선, 사회균형

사회통합의 나침반으로서 지향해야 할 가치를 과연 어디에 둬야 할까? 통합의 가치는 우리 사회를, 민주주의를, 공동체를 떠받칠 근본 가치이다. 여기에서는 인간의 기본 권리인 인권 측면에서, 정치적 측면인 민주주의 관점에서, 건전한 공동체 발전을 위한 공동선의 관점에서, 그리고 쏠림과 불평등을 바로 세울 사회균형의 측면에서 그 가치에 접근해볼 것이다.

사회통합의 가치, 인권

역사의 질곡에서 성장해온 인권은 사회통합의 기본 가치이다. 인간의 존엄성과 인권 수호를 위한 사회통합의 노력은 13세기 영국의 마그나카르타Magna Carta에서 시작되어 18세기 미국 독립선언과 프랑스 대혁명을 거쳐 20세기 유엔 세계인권선언Universal Declaration of Human Rights으로 발전해왔다. 이제 인권은 글로벌 사회를 통합시킬 보편적 가치로 인식되고 있다.

역사적으로 영국 마그나카르타(1215)는 인권과 민주주의, 자유를 천명한 대헌장The Great Charter이었고, 근대적 의미의 인권헌장이다. 예를 들면 정당한 법 절차에 의한 적법한 판결에 의하지 아니하고는 체포, 구금 혹은 재산상 손실을 주지 못하며 인신공격을 하지 않는다는 내용으로 훗날 민주주의 헌법의 기초가 되었다. 마그나카르타의 정신은 미국 독립선언과 프랑스 대혁명의 인간과 시민의 권리 선언, 유엔헌장으로 이어졌다.

사회통합의 가치, 인권

유엔 지속 가능한 발전목표(2015)
↑
유엔 세계인권선언(1948)
↑
프랑스 대혁명(1789)
↑
미국 독립선언(1776)
↑
영국 마그나카르타(1215)

미국은 독립선언(1776)을 통해 영국의 식민지하에 있던 13개 주가 모여 독립을 선포하고, 독립선언문을 발포했다.[2] 독립선언은 인권과 국민주권을 누구에게도 양도할 수 없으며 정부로부터 침해받을 수 없음을 천명했다. "모든 사람은 평등하게 태어났으며, 조물주로부터 양도할 수 없는 기본 권리를 부여받았다." "국민의 동의를 얻어 조직된 정부와 국민으로부터 부여된 정당한 권력은 국민의 자유, 행복, 생명을 추구할 권리를 보장해야 한다. 이에 반하는 정부에 대항해 국민은 새로운 정부를 조직할 권리가 있다." 미국 독립선언문에는 양도할 수 없는 인권과 함께 국민의 생명과 자유, 행복을 추구할 정부의 역할과 좋은 정부를 구성할 국민의 권리를 부여하고 있다.

미국 독립선언은 13년 후 프랑스 대혁명(1789)으로 이어졌다. 구舊 체제, 즉 앙시앵 레짐을 무너뜨리고 시민의 권리를 선언한 시민혁명이었다. 일부 계급에 집중된 부와 권력에 저항해 무거운 세금에 시달리던 대다수의 평민 계층(부르주아지)이 루소, 볼테르, 몽테스키외 등의 계몽주의 사상을 기반으로 사회 불평등과 갈등에 반기를 들었다. "모든 인간은 평등하며 인간으로서 존엄성을 존중해야 한다"는 개인의 자유와 평등을 가치로 한 박애정신을 시민혁명의 핵심가치로 내세웠다. 장 자 크 루소의 "자연으로 돌아가라"라는 사상이 인간의 권리 선언과 시민 혁명으로 이어진 프랑스 대혁명은 근대 민주주의 발전과 분열된 사회 를 개혁하는 계기가 되었다.[3]

2차 세계대전이 끝나고 유엔이 창립되면서 인류의 보편 가치로서 인권은 국제적인 큰 공감대를 형성하게 되었다. 인류의 존엄성인 인권 과 번영된 삶을 위해 채택된 보편적 인권 선언이 유엔 세계인권선언 (1948)이었다. 그 후 유엔 세계인권선언을 뒷받침할 법적 구속력을 가 진 규약으로서 1966년 시민·정치적 권리에 관한 국제규약과 경제· 사회·문화적 권리에 관한 국제규약이 제정되었다.

세계인권선언에는 자유, 존엄성 및 평등의 권리, 법 앞에 인격적으 로 인정받고 보호받을 권리, 경제적 권리, 사회보장을 받을 권리, 개 인 및 가족의 생활수준을 유지·보장받을 권리, 국제사회 일원으로 서의 권리, 노동자 권리, 초등과 기초적 단계에서의 무상교육을 포함 한 교육을 받을 권리 등 보편적인 인권을 규정하고 있다. 이러한 세계 인권선언의 정신은 2000년에 채택된 새천년개발목표MDGs, UNGA 2000와 2015년에 선언된 지속 가능한 발전목표SDGs로 계승되어 소득, 교육, 일 자리, 식량, 건강, 환경, 기후변화, 안전 등 전방위적으로 기본 니즈를 충족시키고 인간의 권리를 보호하는 단계로 발전되고 있다.[4]

따라서 정치, 경제, 사회, 문화, 복지 등 포괄적인 영역에서 기본적 인 권리 보장과 인간다운 삶의 니즈 충족은 인권 신장과 공동체의 통합을 위한 중요한 요소이다. 이런 점에서 인권 철학의 관점에서 사회통합의 가치는 개개인의 인권을 지켜주고 보호해야 할 뿐 아니라, 인권의 주체인 인간들로 구성된 시민사회와 공동체의 통합 기반으로서 사회적 자본을 지속적으로 축적해가는 데 있다. 여기에 불평등과 양극화 해소가 중요한 영역에 속한다. 사회통합을 표출되고 있는 눈앞의 갈등과 같은 현상적인 문제 해결로 접근해서는 안 된다. 사회 심층부로부터 불거지는 갈등과 불평등이 심화되어 균열의 골이 깊어지지 않도록 기본적인 인권 측면에서 사회통합의 가치를 다져야 할 것이다.

사회통합의 가치, 민주주의

갈등과 충돌의 실타래를 푸는 협력과 협치의 지혜는 사회통합의 가치로서 민주주의에 있다. 민주주의는 국민에 의한, 국민을 위한 정치, 즉 주권재민主權在民의 위민정치爲民政治를 말한다. 민주주의는 인간의 존엄성을 근본으로 개인의 자유와 권리를 보장하는 데 있다. 대표를 선출하는 남녀 투표권인 보통선거권을 확보한 1920년대부터 의회민주주의가 출범함으로써 "모든 시민은 정치적으로 평등해야 한다"는 사상적 기초 위에서 국민주권을 투표권을 통해 행사하게 되었다.

사회통합의 가치로서 민주주의는 지역, 세대, 계층의 사회경제적 불평등과 갈등을 해소하고, 민주주의의 공정한 절차와 과정을 통해 사회적 통합성을 다지는 데 있다. 경제·사회적 문제와 갈등을 권위주의와 억압이 아닌 민주적 질서와 원칙, 협치로써 해결하는 것이 민주주의이다. 민주주의는 선거를 통해 시민들이 정책과 자원 배분에 참

사회 통합의 가치, 민주주의

- 지역·세대·계층의 사회·경제적 불평등과 갈등 해소
- 민주적 질서와 원칙 그리고 협치
- 민주주의와 자본주의의 상생 발전

여한다. 자원 배분의 권력이 소수에게 집중되어 있느냐, 혹은 협치의 과정을 거쳐 자원이 민주적으로 배분되느냐에 따라 사회적 갈등과 불평등의 양상은 매우 다르다. 결과적으로 사회통합의 정도에도 차이가 있다. 노벨 경제학상 수상자인 아마티아 센Amartya Kumar Sen 교수는 "민주주의가 정착된 나라는 기근과 가난이 발생하지 않는다"고 역설했다. 분배 권력이 소수에 집중되면 불평등한 소득 분배로 진전되고, 이 것이 빈곤층을 확대시켰다는 것이다. 그러므로 사회통합적 관점에서 불평등을 완화하고 지속 가능한 발전을 이루려면 자원 배분이 합리적으로 이뤄질 수 있도록 협치의 민주주의 가치를 살려야 한다.

나아가 사회통합의 가치로서 민주주의에 있어서 함께 검토해야 할 부분이 민주주의와 자본주의의 관계이다. 민주주의와 자본주의가 상생 발전해야 함에도 전자가 후자를 약화시키거나, 후자가 전자를 후퇴시키는 긴장과 충돌이 발생하는 경우가 많았다. 그 과정에서 사회 통합의 생태계가 크게 후퇴했던 시련도 겪었다. 18세기 중엽 애덤 스미스를 중심으로 자유시장을 기초로 한 자본주의 경제가 출범한 이래 19세기 중엽 미국의 남북전쟁을 겪고, 1930년대 경제 대공황을 거치면서 자본주의의 위기와 불평등이 만연했다. 그 후 1970년대에는 스태그플레이션stagflation의 암초에 부딪히기도 했다.

1980년대 로널드 레이건 대통령과 마거릿 대처 수상에 의해 주도된 신자유주의는 경제성장 시대를 이끌었으나, 개인주의 문화의 팽배가 경제적 탐욕으로 번지면서 2008년 글로벌 금융위기에 빠졌다. 세계 경제는 글로벌 대침체의 덫에 걸려 사회적 마찰과 갈등이 증폭되었다. 애덤 스미스가 자유주의 경제를 내걸 때 강조했던 도덕적 감정과 경제적 윤리가 퇴색했기 때문이다.

이러한 자본주의 경제위기의 역사적 경험으로 비춰볼 때, 자본주의 경제위기는 민주주의 위기로 이어졌고, 한편 민주주의 위기는 자본주의 위기를 촉발했다고 볼 수 있다. 우리는 아직도 건강한 자본주의를 뒷받침할 협치의 민주주의, 올바른 민주주의가 결핍된 시대를 살아가고 있다. 올바른 민주주의 가치를 살려 사회·경제적 갈등을 완화하고, 문제를 해결하는 사회통합의 인프라를 넓혀나가지 않으면 안 된다.

사회통합의 가치, 공동선의 문화

공동선의 문화는 개인의 가치와 공동체의 가치를 묶는 사회통합의 가치이다. 공동선common good은 공동체 구성원들이 추구할 바람직한 삶의 방향이요, 가치이다. 공동선을 추구하는 데 딜레마적인 요소가 개인의 자유와 사회적 행복, 그리고 공동체의 덕성이다. 개인의 자유를 보장하다 보면 사회 전체의 행복과 공동체의 덕성이 뒤처질 수 있고, 최대 다수의 행복과 공동체의 덕성에 무게를 두다 보면 개인의 자

사회 통합의 가치, 공동선의 문화

- 시민정신의 빈곤을 채워줄 시민덕성의 함양
- 공동체가 지향해야 할 공동선의 문화와 공유
- 공동선의 문화(예시): 건전한 시민의식, 협력과 봉사, 양보와 타협, 사회적 포용 등

유가 소홀해질 수도 있다.

사회통합의 가치로서 공동선의 문화는 개인주의와 이기주의로 빠져들기 쉬운 구성원들에게 좋은 삶을 위한 덕성을 확산시키고, 공동체 발전을 위한 공동선이 무엇인지를 공감하고 공유해서 사회통합의 기반을 넓혀나가는 것이다. 물질문명이 초고속으로 발전하는 가운데 금융위기 이후 불어닥친 경기침체와 저성장, 그리고 심화되고 있는 사회적 격차와 불평등으로 시민들의 소외와 무력감, 분열과 갈등이 잦아지면서 가족과 이웃, 공동체 의식이 훼손되고 있다. 시민 덕성의 함양과 공동체가 지향해야 할 공동선의 문화를 심고 가꾸는 토양이 어느 때보다도 절실히 요구되는 시대이다.

최근 세계가치관조사_{world values survey} 결과에 의하면,[5] 한국 사회는 다른 사람들에 대한 신뢰수준과 배려가 낮고, 자기중심적인 가치관이 강하며, 부패수준을 가늠하는 청렴도가 하위권에 있는 것으로 나타났다. 공동체 의식이 약화되고, 자기중심적 의식에 갇혀 협력의 공간이 좁아지고 있는 사회상의 단면을 반영하는 조사 결과이다. 국제사회가 우리 사회에 비춘 거울을 반면교사로 삼아 앞으로 공동선의 문

화를 발전시켜나가는 일에 깊은 성찰과 사회적 투자가 필요하다. 이런 점에서 앞으로 공동선의 문화는 시민의 자율성을 존중하면서 협력과 봉사, 양보와 타협, 도덕과 공정을 존중하는 시민의식, 그리고 불평등과 양극화를 완화할 사회적 포용을 확산시키는 공동체 생태로 심화되어야 할 것이다.

사회통합의 가치, 사회균형

사회균형을 다질 구심력과 회복력 또한 사회통합의 가치이다. 항해하는 배가 어느 한쪽으로 쏠리게 되면 전복되고 만다. 가치관이나 공동체 의식이 정상적인 궤도를 이탈하면 사회에도 쏠림 현상이 일어나게 마련이다. 사회적 쏠림 현상은 이념적으로, 지역적으로, 계층적으로 분열과 균열을 초래하고 사회통합을 침하시킨다. 우리 사회도 문제가 터지면, 문제의 본질을 넘어 걷잡을 수 없는 정치적, 사회적 쏠림을 빚으면서 사회적 분열로 치닫는 상황을 종종 경험해왔다. 사회적 쏠림의 골이 깊을수록 고통의 비용도 더 크다.

사회통합의 관점에서 사회균형은 사회적 갈등이나 충격으로부터 야기되는 사회적 쏠림의 원심력을 제어하고, 사회균형을 회복시키는 구심력으로 화합의 영역을 넓히는 것이다. 사회균형을 파괴하는 여러 요인이 있겠지만, 사회적 격차와 불평등의 갈등이 그중 하나이다. 불평등을 완화하고 평등한 기회의 지평을 넓힘으로써, 나아가 건전한 시민정신이 뿌리 내리게 하여 사회균형의 근육을 키워야 할 것이다.

또한 사회균형을 찾아가는 조정 메커니즘이 제대로 작동하는지도

사회 통합의 가치, 사회 균형

• 사회적 쏠림을 제어할 사회균형의 근육 강화
• 성숙된 민주주의, 올바른 정치, 협치의 문화 확산 → 민주적인 협치, 민주적인 조정 메커니즘 복원

중요하다. 어느 사회에서든 분열과 갈등은 있게 마련이다. 유사한 갈등 속에서도 어떤 나라에서는 사회균형이 쉽게 무너져 사회적 쏠림이 심화되는가 하면, 또 어떤 나라에서는 사회균형을 떠받치는 시민정신과 올바른 정치가 큰 위기를 극복한 사례들도 있다. 예를 들면 북유럽의 스칸디나비아 국가들은 사회균형을 위한 조정 메커니즘이 효과적으로 작동하는 대표적인 사례이다. 대조적으로 조정 메커니즘이 제대로 기능하지 못하는 나라가 많다. 수직적이고 일방적인 의사결정 메커니즘에서 민주적인 협력과 협치의 조정 장치로 발전하지 못했기 때문이다. 무엇보다도 민주적인 조정 메커니즘은 성숙한 민주주의와 올바른 정치, 그리고 협치의 문화에서 나온다. 그렇지 않으면 균열되고 파편화된 사회로 빠져들어 사회균형을 향한 회복력은 약화될 수밖에 없을 것이다.

지금까지 네 가지 측면에서 사회통합의 가치를 논의했다. 사회통합의 가치는 현실에서 표출되는 갈등을 봉합하는 차원을 넘어 기본 권리인 인권을 존중하고, 분열과 갈등을 치유하는 민주주의의 정신과 함께 공동체가 지향해야 할 공동선의 문화를 심고 가꾸면서 건전한 사회균형을 보전하는 데 있다. 앞으로 건실하고 지속 가능하게 사회

발전을 지탱해줄 이 가치들이 정착되도록 사회통합의 공간을 넓히고 심화시키는 범사회적 노력이 필요하다.

통합의 생태계

사회가 품고 있는 생태계는 통합적일까, 갈등적일까? 사회통합의 자생력은 통합의 생태계에서 성장한다. 통합 생태계는 정치, 경제, 사회, 문화 등 복합적이고 다양한 요소와 환경, 그리고 제도와 관계로부터 영향을 받는다. 여기에서는 통합의 생태계로서 사회통합을 위한 환경, 사회적 덕성, 사회적 자본, 좋은 거버넌스, 공공정책의 사회적 통합성 측면에 초점을 맞춰 살펴볼 것이다.

첫째, 사회통합의 지평을 넓힐 공정성과 도덕적 환경moral environment을 다져야 한다. 자본주의에서 시장경제와 자유로운 경제활동은 없어서는 안 될 필수 영양소이다. 함께 현시대가 직면하고 있는 문제들을 해소하고 사회통합의 생태계를 조성해가기 위해서는 시장의 한계에서 파생되는 불평등과 양극화를 완화하고 도덕적 나침반을 잃어버려서는 안 될 것이다.

애덤 스미스가 강조한 바와 같이 도덕을 의식하고 실천하는 도덕적 감정moral sentiments이 시장경제를 보완해야 한다. 이런 점에서 애덤 스미스는 "개인의 이기심과 도덕성이 균형 있게 조화를 이루는 자유"를 존중했다는 점에 주목해야 할 것이다.

개인적 차원의 도덕적 감정과 함께 사회적으로 준수해야 할 경제

윤리도 있다. 이념이나 정파의 이해에 따라 흔들리지 말고, 공정한 경제의 나침반으로서 경제적 윤리를 뒷받침할 제도를 정비하고 총의를 모으는 역할을 민주주의가 해야 한다. 따라서 경제 중심 사회에 도덕적 가치와 윤리적 기반을 넓혀 사회적 격차와 불평등, 양극화를 완화함으로써 사회통합의 공간을 확대해야 할 것이다.

둘째, 공동체 구성원democratic civitas으로서 역량 개발과 교육, 공공생활에 대한 존중 등 민주시민의 사회적 덕성을 지속적으로 축적해나가야 한다. 사회적 덕성의 후퇴와 타락은 민주적 공동체를 무너뜨리는 해충이다. 20세기 교육철학자이면서 사상가였던 존 듀이John Dewey는[6] "개인의 자유는 시민으로서 갖춰야 할 기본 품성과 도덕적 품성을 계발하고 공익에 헌신하는 사회적 삶 속에서 실현될 수 있다"고 역설했다. 개인적인 차원을 넘어 공동체 구성원으로서 역할과 책임을 다할 때 진정한 자유를 누릴 수 있다고 풀이된다. 시민들이 참여하는 자유로운 토론과 사회적인 소통, 민주시민으로서 삶에 대한 체험이야말로 민주주의 공동체 발전의 기반이기 때문에 개인의 자유를 넘어 공동체 발전과 공존하는 자유주의를 내세웠다.

듀이는 특히 공동체 구성원으로서 시민정신과 도덕성을 함양하는 민주시민의 체험과 실용주의 교육을 중시했다. 민주주의 교육을 학교 교육에 국한하지 않고, 정치·사회단체의 책무도 강조했다. 민주시민으로서의 소양과 덕목을 교육하고 준비시키는 학습공동체로서 학교의 역할과 사회적 소통, 공공생활을 체험할 수 있도록 정치·사회단체의 역할도 함께 이뤄져야 한다. 민주시민의 역량 개발에 있어서 학교 교육과 사회 교육을 접목해야 한다. 나아가 민주시민의 덕성을 함양하는 데 언론은 매우 파급력이 크다. 언론을 통한 민주시민 교육 역시 아무리 강조해도 지나침이 없을 것이다.

우리 사회에서도 개인주의적 자유주의가 공동체 구성원의 민주적인 삶과 마찰을 빚는 사례가 빈번하게 발생한다. 가족과 이웃, 개인과 사회를 건실하게 보듬어야 할 다양한 인문 공동체의 쇠퇴 또한 사회 통합의 공간을 위축시키고 있다. 사회와 개인의 빈 공간을 채우는 자원으로서 시민을 포용하고 참여시킬 공동체의 비전과 정책이 주목받게 되는 이유도 여기에 있다.

따라서 사회통합의 기반인 민주적인 삶과 공동체 회복을 위한 민주시민으로서의 품격과 역량을 개발하고 체험할 기회를 제공하는 학교 교육과 사회 교육, 그리고 미래에 우리 사회가 열어가야 할 공동체의 비전과 정책에 대한 공감대를 형성할 다양한 기회를 적극적으로 확산해야 할 것이다.

셋째, 사회통합형 사회적 자본을 축적하고 업그레이드해야 한다. 사회적 자본social capital은 구성원들 간의 신뢰와 협력, 사회적 참여와 책임, 사회적 네트워크, 공동체의 제도와 규범 및 가치 등 포괄적인 사회적 소프트웨어이다. 우리 사회는 그동안 물적자본과 경제자본 축적에 매진해왔다. 미래는 사회적 자본이 중요해지는 시대이다. 이기적이고 자기애에 빠져 자기중심적인 각자도생의 삶은 개인의 건강뿐 아니라 사회 건강도 해친다. 미국에서도 '나 홀로 볼링Bowling alone'의 사회상이 표출되고 있다. 사회적 결속이 후퇴되고 홀로 볼링을 치는 각자도

통합의 생태계

- 사회통합을 위한 공정성과 도덕적 환경
- 공동체의 민주시민으로서 지속적인 사회적 덕성 축적
- 사회통합형 사회적 자본 업그레이드
- 영민한 정부, 좋은 거버넌스
- 사회통합의 기반이 되는 공공정책의 역할

생의 사람들이 늘어나고 있는 데 빗댄 표현이다. 또한 갈등과 균열을 봉합할 사회적 자본의 축적 없이는 사회적 합의와 협력, 나아가 민주공동체 발전을 이끌어내기 어렵다. 사회통합의 활력을 불어넣는 사회적 자본은 바로 국민의 적극적인 자세와 정신positive attitude and spirit에 있음을 유럽의 시민사회 발전에서 보았다. 이미 선진국들과 세계 일류 기업들은 소통과 협력, 신뢰와 인간관계의 회복 등 사회적 자본을 업그레이드하는 생태계 조성에 앞서고 있다. 또한 민주공동체의 토대를 회생시킬 에너지는 구성원들이 사회적 책임social responsibility에 긍정적으로 참여하는 사회적 자본의 축적에서 나온다. 사회적 자본이 고갈되면 통합의 생태계도 메마를 수밖에 없다.

사회적 자본가인 로버트 퍼트넘Robert Putnam 교수(하버드대학 케네디스쿨)는 "더 연결하고 더 신뢰하고 더 불평등을 줄여야 한다"면서 "이웃과 친구에게 손을 내밀어야 하고, 문도 더 두드려야 한다"고 강조했다. 사회적 자본에는 "나와 같은 부류와의 유대성bonding 사회적 자본"과 "성·계급·인종·종교 등 이질적인 부류와의 연결성bridging 사회적 자본"으로 분류했다. 유대성 사회적 자본뿐 아니라 사회가 복잡해질수록 연결성 사회적 자본의 필요성을 피력했다. 사회적 자본으로서 네트워크를 증진시키는 수단으로서 '현실과 가상의 네트워크 합금'을 활성화해야 한다는 점을 일례로 들었다(《중앙일보》 인터뷰, 2018. 10. 20~21., 27쪽).

앞으로 공동체 구성원으로서 우리 사회를 위하여 무엇을 할 것인가? 구성원 스스로 답해야 한다. 흔히 사회적 책임을 어느 한쪽에, 어느 계층에 돌림으로써 사회적 책임의 무임승차free rider가 관행처럼 되고 회피적인 태도가 만연한다면, 사회적 책임의 생태계가 조성되기는 어려울 것이다. 기업만이 아니라 사회 구성원으로서 다양한 사회활동에 참여하면서 자발적으로 사회의 공동가치를 엮어내고 살려가야 한다. 최근 우리 사회에서도 기업이 앞장서서 사회적 책임corporate social responsibility, 사회적 가치corporate social value, 기업시민corporate citizen, 사회봉사 등 다양한 사회적 자본을 실천하는 일에 참여하고 있다. 앞으로 종교단체, 교육기관, 언론기관, 기업, 사회지도층이 솔선수범해 노블레스 오블리주noblesse oblige의 공공정신과 사회적 가치를 적극적으로 확산시켜나간다면, 사회통합을 위한 소프트웨어는 더 견고해질 수 있을 것이다.

넷째, 사회통합을 이끌 영민한 정부smart government와 좋은 거버넌스good governance의 역할이 중요하다. 현시대가 요구하는 변화와 도전을 정확히 읽지 못하는 거버넌스(정치, 시민사회, 노조, 기업, 언론 등)와 정부의 역할로는 사회적 갈등과 분열을 극복하기 어렵다. 거버넌스가 제대로 작동하지 않으면 불평등의 갈등도 심해진다. 시장 실패가 발생하면 정부가 영리하게 실패를 바로잡고 시장의 한계를 보완해야 한다. 또한 다양한 계층으로부터 분출되는 마찰과 갈등을 공정하게 조정해야 할 정치가 통합의 공간을 넓히지 못하면 공동체 구성원들의 결속을 이끌어내기 힘들 것이다. 공정한 조정자로서 정부가 역할을 다하고 좋은 거버넌스가 사회통합의 메신저로 실천해나가도록 하는 것이 옳다.

다섯째, 중요한 것은 정부가 공공정책_{public policy}을 통해 사회통합 기반을 넓혀야 한다는 점이다. 공공정책이 추구하는 정책적 목적도 있겠지만, 사회통합의 공공재인 품격과 역할을 간과해서는 안 될 것이다. 가령 양극화를 완화하기 위한 중장기적인 정책으로서 저소득층과 사회적 취약계층의 자녀에게 대학등록금을 지원하는 정책은 미래 자녀들에게 평등한 교육 기회와 사회적 상향이동, 그리고 소득 증대를 통한 공동체 구성원의 자질을 높이는 일에 기여할 것이다. 정부의 공공정책에 공평한 기회와 사회가 추구해야 할 보편적 가치를 반영함으로써 사회통합성을 높이는 시민 생태계를 확산시켜나가야 한다.

민주주의와 자본주의: 위기와 조화

민주주의와 자본주의는 상호 보완적이고 조화로울 때 사회통합성을 높인다. 지역·세대·계층별 사회경제적 문제와 갈등을 민주적 질서와 원칙, 협치로써 해결하는 것이 민주주의이다. 민주주의는 시민들이 정책과 자원 배분에 직접적 혹은 간접적으로 참여토록 함으로써 자원 배분이 민주적 과정을 거쳐 공정하게 이뤄지도록 하는 제도이

다. 자본주의의 열매가 소수에게 집중되어 있느냐, 혹은 민주적으로 분배되느냐에 따라 사회적 갈등과 불평등의 양상은 매우 다르다. 결과적으로 사회통합의 정도에도 큰 영향을 끼치게 될 것이다.

자본주의의 발전과 위기

자본주의는 사회통합의 숙성을 위해 발전하고 있을까? 자본주의는 시장경제를 기반으로 생산, 소비, 분배가 지속적으로 선순환하는 경제 시스템이다. 아나톨 칼레츠키Anatole Kaletsky는《자본주의 4.0capitalsm 4.0》에서 자본주의가 1.0에서 4.0까지 진화해왔다는 소위 자본주의의 진화론을 폈다. (1) 애덤 스미스를 주축으로 18세기 중엽 이후 개인의 자유와 자유시장, 그리고 개인의 이익 추구를 존중하는 자유주의 사상과 자유시장경제에 뿌리를 둔 자본주의 1.0, (2) 1930년대 세계 대공황으로 인해 침체된 경제와 마비된 금융 시스템으로부터 자본주의를 다시 세우기 위해 시장 실패를 보완하고 일자리를 만들어 소득을 분배해줄 정부의 역할을 강조한 케인스식 뉴딜 자본주의 2.0, (3) 개인의 자유와 가치를 중시하고 작은 정부, 지방정부로의 권력 이양, 큰 시장, 규제 완화, 세금 감면 등 시장경제의 부활을 골자로 한 1970년대 신자유주의 경제의 자본주의 3.0, 그리고 (4) 21세기에 들어 발생한 글로벌 금융위기 이후 4차 산업혁명과 함께 불평등과 양극화의 갈등이 확산되고 있는 자본주의 4.0 시대가 열리고 있다고 보고 있다. 이 자본주의 진화의 과정은 시장과 시장 실패, 그리고 정부 실패의 모순과 시정의 연속이었다.[7]

세계 대공황과 2차 세계대전 이후 거시경제 문제들(경제성장과 분배, 인플레이션과 실업, 조세 및 정부지출 정책 등)이 전방위적으로 분출되면서 케인스식 국가 주도의 총수요 중심 경제정책이 대세를 이루었다. 하지만 성장과 분배에서 정부 주도의 정치·경제 논리에 시장과 시민 참여의 공간은 좁아지고 말았다. 다시 말하면 거대한 국가 경제의 숲에서 자율과 건전한 시민의식 및 도덕적 가치판단의 가지는 제대로 성장할 수 없었다. 뉴딜식 공공정책을 주도한 큰 정부가 경제적 자유를 위축시키고 시장경제를 후퇴시켰다는 비난 속에 자본주의는 1970년대에 불거진 스태그플레이션의 위기에 빠지게 되었다.

대안으로 떠오른 자본주의 철학이 1980년대에 로널드 레이건 대통령과 마거릿 대처 수상에 의해 주도된 신자유주의였다. 신자유주의는 개인의 자유와 자율을 중시하고 작은 정부, 권력 이양, 큰 시장, 규제 완화, 소득세와 자본 과세 감면, 국영기업 민영화 등 시장경제의 부활에 우선을 두었다. 시장경제의 확장을 통해 생산, 즉 공급을 증대시킴으로써 일자리와 소비, 투자, 조세수입도 늘릴 수 있다는 것이었다.

나아가 시장경제가 살아나 소득 상위 계층이 더 부유해지면, 일자리 창출 등을 통해 하위 소득 계층의 소득도 올라갈 것이라는 소위 낙수효과를 기대했다. 하지만 이러한 낙수효과는 현실화되지 못했다.

신자유주의가 기대했던 낙수효과가 현실화되지 못한 채, 개인주의 문화의 팽배로 인해 경제적 탐욕과 지난 수십 년 동안의 경제·사회적 불평등과 양극화는 심화되었다. 그 결과 자본주의는 2008년 금융위기로 된서리를 맞게 되었고, 세계 경제는 글로벌 대침체와 불평등의 덫에 빠지면서 자본주의 위기를 맞게 되었다. 시장이 제 기능을 하여 공정한 경제의 균형점으로 수렴될 것이라는 효율적 시장 가설^{efficient} ^{market hypothesis}은 글로벌 경제의 대침체의 절벽에 부딪히고 말았다. 심지어 경제 논리에 없었던 무제한 양적완화, 마이너스 금리, 디플레이션 탈출을 위한 인플레이션 유발 정책 등 자본주의 경제는 문제 해결에 있어서 갈피를 잡지 못하고 위기에 빠졌다.

국제적으로 벌어진 일련의 사태에서 볼 때 자본주의는 경제·사회적 통합에 적절히 대응하지 못했다. 예를 들면 2011년 미국 월스트리트는 "우리는 99퍼센트다"라는 구호 아래 모인 시민들에게 점령당했다. 비슷한 시위가 유럽, 오스트레일리아, 몽골을 비롯해 2012년 1월 스위스 다보스 등에서 벌어짐으로써 불평등의 갈등을 사회경제적 이슈로 끌어낸 것이다. 또한 청년 실업, 정치·경제·사회적 불안정과 리스크 및 불확실성이 증대하고 국가 간 통상마찰이 고조되고 있다. 우리 사회도 최근 20여 년 동안 사회적 갈등과 불평등 및 양극화가 심화된 배경에는 건실한 자본주의가 사회적 통합의 지렛대 역할을 제대로 하지 못한 측면이 있다.

이제 자본주의는 창조적인 혁신을 지속하면서 자본주의에 배태된 위협요소를 해소하지 않으면 안 된다. 특히 불평등과 양극화의 갈등이 심해지면 시장경제가 위축된다. 불평등과 양극화로 갈등과 균열이 생긴 사회에 포퓰리즘이 득세하게 되면 자본주의가 작동하기 어려워진다. 이미 남미와 남유럽에서는 양극화로 인한 사회적 갈등이 자본주의를 위태롭게 하고 있다. 자본주의는 2008년 금융위기 이후 표출되고 있는 위기 속에서 인간, 기계, 사물이 상호 소통하고 현실과 가상세계가 융합하는 4차 산업혁명 시대에 진입하고 있다. 4차 산업혁명기를 맞아 기계와 AI가 인간의 영역을 대체하면서 불평등과 양극화가 사회적 균열을 부추기지 않도록 앞으로 사회통합의 경제적 기반을 건실하게 다지는 자본주의의 역할이 더 막중해지고 있다. 자본주의 4.0시대에 사회통합성을 높이기 위해서는 사익과 공익의 균형, 나아가 경제적 가치와 사회적 가치의 동시 추구가 심화, 확산되어야 한다. 여기에 기업과 사회와의 상호의존성과 동반 발전이 중요한 영향을 미칠 것이다. 깨어 있는 자본주의로 패러다임이 바뀌어야 한다.

민주주의의 발전과 위기

과연 민주주의가 사회통합의 대의를 열어가고 있을까? 고대 그리스의 도시국가에서 출발한 직접민주주의는 인권과 민주주의와 자유를 천명한 대헌장인 영국의 마그나카르타 정신을 토대로, 미국 독립선언과 영국 시민혁명, 프랑스 대혁명, 유엔헌장을 거쳐 현대 민주주의

마그나카르타				민주시민의식의 침하
미국 독립선언				공동체의 사회적 책임 약화
프랑스 대혁명	발전	민주주의	위기	포퓰리즘
루소, 국민주권론				공공성 후퇴
유엔 헌정				정치 후진

로 발전했다.

미국의 독립전쟁과 헌법 제정, 그리고 프랑스 대혁명의 사상적 지주요 계몽주의자였던 로크, 몽테스키외, 루소는 17~18세기 민주주의 사상을 부활시켰다. 1690년 존 로크의 《시민정부론》, 1748년 삼권분립의 필요성을 강조한 몽테스키외의 《법의 정신》, 1762년 루소의 《사회계약론》이야말로 민주주의 사상의 대작들이다. 루소는 《사회계약론》에서 국민주권론을 주장했다. "모든 국민은 총의를 형성하는 과정에 참여할 권리가 있고 책임을 다해야 한다"고 민주시민으로서의 권리와 책임을 강조했다.

민주주의 역사로 볼 때 민주주의 제도가 도입되기 전에 인간에 대한 존엄성으로서 자유주의 사상이 먼저 발전했다. 자유주의 사상을 기반으로 경쟁적인 사회, 개인의 자유 및 시장경제가 확산되면서 자유주의 사회에 뿌리를 둔 정치제도가 자유민주주의이다.

그러나 자유주의는 민주주의 사회에 공정성과 도덕적 가치를 접착시켜야 할 공동선의 강물을 건너지 못했다. 개인의 권리와 자유는 계속 확장되었지만, 공동체 구성원으로서 삶에 대한 절제력을 잃고 탐욕에 빠져드는 경우가 많았다.

뿐만 아니라 민주주의가 특정 집단이나 이념 혹은 이익집단에 치우치거나 권위주의 혹은 국가주의에 기댄 포퓰리즘으로 빠져들면 민주주의가 추구해야 할 보편적 가치는 사라진다. 최근 발간된 책,《어떻게 민주주의는 무너지는가》(2018)는 포퓰리스트 정치인들의 부상으로 민주주의 후퇴와 붕괴를 경고했다. 예로서 베네수엘라, 터키, 브라질 등 국가혼란과 경제위기에 있어서 포퓰리즘을 진원지로 꼽았다. 여기에서 "민주주의가 포퓰리즘에 포위되지 않게 하는 장치는 견제와 균형이고, 정당의 문지기gatekeeper 역할을 강조했다."

민주주의는 분출되는 욕구를 여과하고 사회통합을 훼손하는 요소를 조정할 수 있어야 한다. 시민들도 공동체의 공동선을 위해 자신의 욕구나 집단이기주의를 자제할 수 있어야 한다. 이것이 품격 있는 민주시민, 권위 있는 민주시민의 덕성이다.

21세기는 새로운 물질문명과 기술의 발전으로 초연결 시대를 열어가고 있다. 하지만 소통의 공간이 지구촌 곳곳으로 넓어지고 대화의 채널도 문자, 앱, 인터넷 등으로 다양해졌지만, 개개인은 각자의 소통공간 위에서 파편화되어가고 있는 것도 사실이다. 그 결과 개개인의 삶은 윤택해지고 있으나, 민주 사회 구성원의 시민의식과 사회적 책임의식은 점점 부족해지고, 이익집단은 합리적인 토론과 소통을 밀어내며, 정치는 갈등을 조정하거나 불평등을 완화하거나 통합의 대의를 열지 못하고 있다. 이런 일련의 자화상이 민주주의의 위기이다.

민주주의와 자본주의의 조화

자발적인 참여와 기회의 균등을 존중하고, 인간의 존엄성과 인권을 신장함으로써 민주시민사회를 구현하는 것이 민주주의이다. 그리고 자본주의는 자유로운 경쟁과 자율적인 경제활동이 이뤄지도록 시장을 존중하고, 경제 파이를 키우며 공정하게 분배해 경제적인 번영을 이루는 데 가치를 두고 있다. 하지만 이러한 민주주의와 자본주의의 본질은 후퇴되고 오염되어왔다. 민주주의와 자본주의의 한계를 조화롭게 보완하고 극복하지 않으면 안 된다.

우리는 자본주의가 발전해온 지난 250년 동안 자본주의가 꽃핀 국가에서 민주주의가 발전해왔고, 민주주의의 토양 위에서 자본주의가 성장해온 상호의존적 진화 과정을 지켜봐왔다. 이러한 자본주의와 민주주의의 의존성은 독일 통일과 공산주의 몰락의 역사적인 경험으로 입증되었다. 민주주의와 자본주의가 자유와 인권을 신장하고 경제적 번영을 가져온 정치·경제체제임을 부인하는 사람들은 많지 않을 것이다.

그러나 앞서 자본주의와 민주주의의 발전과 위기에서 지적한 바와 같이 자본주의는 시장의 효율성이라는 토양 속에서 공정성의 가치를 보존하는 데 소극적으로 대응함으로써 대공황과 글로벌 금융위기, 탐욕과 불평등이 불러온 양극화 등으로 한계를 맞고 있다. 민주주의 역시 자유와 권리를 존중하는 개인적 가치관을 공동체가 추구할 공동선의 가치관으로 승화시키지 못하고 있다.

자본주의와 민주주의의 위기는 서로 상대성이 있다. 자본주의에 그림자가 짙어지면 민주주의의 잣대도 무뎌진다. 민주주의 규칙이 약해지면 자본주의 경쟁력도 후퇴한다. 이런 점에 비춰 사회통합적 차원에서 자본주의와 민주주의는 상호 보완되어야 한다. 문제는 균형이다. 자유와 시장을 기반으로 하는 자본주의와 공정성을 추구하는 민주주의는 종종 부딪히고 충돌하기도 했다. 장점을 살리고 단점을 보완하는 취장보단取長補短의 지혜로 사회통합의 기반을 넓혀야 할 것이다. 따라서 자본주의가 지향하는 경제적 자유와 함께 민주주의의 가치인 절차, 과정, 기회의 공평과 공정이 균형추의 역할을 조화롭게 해야 한다. 절제된 사회발전과 더불어 사회적 불평등과 갈등을 완화하고 공동체의 공동선이 살아나도록 자본주의와 민주주의의 상호 보완적 가치를 살리지 않으면 안 될 것이다.

12장
한국의 사회통합적 신성장전략

왜 사회통합적 신성장인가?

2부에서 한국경제 사회의 실제적인 모습을 통계분석을 통해 관찰해보았다. 도출된 결과는 의미심장한 경고였다.

- 불평등과 양극화가 악화되고(특히 2015년 이후), 사회적 이동성이 후퇴되어 경제사회적 갈등과 엄청난 사회적 비용이 발생하고 있다.
- 불평등의 갈등이 사회통합과 공동체 발전의 기반을 침하시키고 있다.
- 파편화된 성장동력으로 저성장의 늪에 빠진 한국경제의 성장 출구를 개벽할 수 없다.

따라서 한국경제의 새로운 성장 패러다임은 사회통합성을 높이고, 각 성장동력을 시스템적으로 연결하고 협업을 이끌어내는 성장전략이 필요하다. 이것이 바로 사회통합적 신성장전략이다.

이제 보다 구체적으로 우리 사회가 직면하고 있는 시대적 상황 속에서 왜 사회통합적 신성장으로 전환하지 않으면 안 되는지, 경제·사회적 동기motivation를 진단해볼 필요가 있다.

첫째, 한국 경제의 성장동력이 침하되고 활력을 잃고 있다. 1990년대 중반 이후 5퍼센트대 성장률은 2000년대 들어와 2010년까지 4퍼센트대로 내려갔고, 그 이후 성장률이 3퍼센트 아래로 저성장 늪에 빠져 있다. 이런 성장동력의 지속적 하강은 불평등이 악화되고, 사회적 이동성이 떨어지고, 사회적 갈등과 노사갈등이 확산되는 우리 사회의 마찰적 균열과 그 궤를 같이하고 있다. 아울러 경제성장과 불평등 완화가 보완적이어야 한다는 결과는 7장에서 도출한 바 있다. 이렇듯 한국 경제성장은 사회통합성과 직접 연계되어야 하는 성장 패러다임의 전환기에 처해 있다. 저성장 기조가 장기화되면서 경제·사회적 불평등의 갈등이 심해지고 있는 상황은 2015년 이후부터 더 두드러지게 관찰되고 있다. 어떻게 해야 할 것인가? 이제 사회통합성을 높이는 지속 가능한 성장으로 가야 한다. 그 궤도가 사회통합적 신성장이다.

요컨대 우리 사회의 통합을 약화시키고 있는 여러 위기 중 세 가지가 있다. 저출산, 불평등과 양극화, 저성장이다. 이 위기들은 각각의 원인과 환부를 갖고 있지만 서로 전염성이 강하다. 앞에서 지적했듯이 불평등과 양극화는 저성장과 연관되어 있다. 출산율이 최저 수준으로 하락하면서 성장잠재력을 후퇴시키고, 초저출산으로 인한 인구 감소가 현실화될 전망이다. 출산율도 문제이지만 출산율 추이도 심각하다. 한국은 출산율이 2000년 1.46명에서 2017년 1.05명으로 계속 하락해 2018년에는 1명 이하로 내려갔다. 일본은 2000년 1.36명에서 2005년부터 반전되어 2017년에는 1.44명으로 상승했다. 사회통합적 신성장의 패러다임에서 이 위기들을 극복하는 노력이 추진되지 않으면 안 될 것이다.

둘째, 사회경제적 불균형의 확산이다. 개인의 삶과 사회의 질(신뢰, 통합, 시민의식, 사회적 책임 등) 간의 괴리, 사적 가치와 공동체 가치의 마찰, 노사갈등, 경제성장과 사회발전의 선순환 단절 등 사회경제적 불균형은 우리 사회가 미래로 나아갈 길을 방해하고 있다. 7장에서 분석했듯이 경제성장과 소득불평등 사이에서 한국은 1990년대 중반 이후 최근 30년 동안 구조적인 변화가 일어났다. 경제성장이 내려가면 소득불평등과 소득집중도가 높아지고, 소득불평등과 소득집중도가 올라가면 경제성장도 떨어진다. 이제 경제성장과 소득불평등 완화가 함께 가야 한다. 소득불평등 심화를 방치하면 미래에 대한 불확실성을 높이고, 중산층 위축으로 인한 소비 감소를 가져와 경제 회생을 지연시키게 된다. 뿐만 아니라 정치·사회적인 갈등과 사회불안 등 엄청난 사회적 비용으로 지속적인 성장을 저해하는 요인으로 작용한다. 또한 우리 사회에서 양적인 성장, 개인의 성공과 물질적인 부의 축적은 중시되어왔으나, 선진국에 비하여 공동체 발전을 위한 공공성(공익성, 공정성)은 낮다. 그 결과 사적 가치와 공동체 가치의 마찰이 심하다.

선진국 사회는 개인의 자유와 개인주의를 토대로 출범했지만, 개인주의 위에서 공동체 가치를 존중한다. 미국의 독립사상이었던 개인의 자유와 평등 위에서 이룩한 미합중국과 남북전쟁의 갈등과 분열을 극복한 통합의 역사, 베를린 장벽을 허물며 브란덴부르크 문을 열어젖힌 후 20세기 동서냉전을 뚫고 위대한 통일을 성취한 독일, 그리고 스웨덴, 노르웨이, 덴마크, 핀란드에서 구현되고 있는 노르딕 국가들의 사회통합과 행복한 사회상에서 보듯이 사적 가치와 공동체 가치, 나아가 경제와 사회의 발전이 선순환되어야 국가 발전이 이뤄진다.

셋째, 성장이 흔들리고 불평등과 양극화가 심해지면 갈등이 증폭되어 포퓰리즘에 빠지기 쉽다. 건실한 자본주의와 올바른 민주주의가 위기를 맞고 있는 상황에서는 포퓰리즘의 유혹이 더 강해지고 이를 막아낼 방파제는 취약해지는 법이다. 경제성장의 과실이 낙수효과로 나타나지 않거나, 저성장으로 인한 양극화가 계층 간 갈등과 하위 계층의 궁핍과 박탈감으로 이어지면 그 책임을 상위 소득 계층에 돌리게 될 것이다. 이 갈등과 마찰의 틈새에 포퓰리즘이 파고들게 된다. 포퓰리즘은 정치로써 등장하지만, 불평등과 양극화의 이면에는 경제 문제가 깔려 있다. 근자에 신보호주의가 득세하고 있는 것과 영국에서 선택한 브렉시트는 선진권에서 불평등과 양극화의 갈등 속에 포퓰리즘이 수면 위로 떠오르고 있는 사례라 볼 수 있다.

넷째, 미래 사회의 거대한 변화와 도전에 준비해야 한다. 4차 산업

왜 사회통합적 신성장인가(경제·사회적 동기)

- 성장동력의 위축 내지 상실
  - 3대 위기: 저출산, 불평등과 양극화, 저성장
  - 성장동력 하강과 사회의 마찰적 균열
- 경제·사회적 불균형 확산
  - 양적 성장, 삶의 질, 사회의 질 간 괴리
  - 사적 가치와 공동체 가치의 마찰
  - 사회적 갈등과 분열
  - 경제성장과 사회발전의 선순환 단절
- 저성장 지속, 불평등과 양극화 심화로 인한 포퓰리즘 유혹
  - 불평등과 양극화로 인한 상대적 박탈감 → 계층 간 갈등과 마찰
  - 신보호주의와 브렉시트는 국제적 포퓰리즘
- 미래 사회의 거대한 변화와 도전에 대한 준비
  - 미래 사회의 특징: 초연결, 초지능, 자동화 → 개방적이고 수평적인 문화
- 사회통합성을 높일 경제성장의 협업 생태계 필요

혁명이 주도할 미래 사회의 특징은 초연결, 초지능, 자동화로 요약될 수 있을 것이다. 삶과 사회, 기술과 문명, 현실과 가상, 인간과 인공지능 등 미래 사회는 패러다임의 대전환에 직면해 있다. 각자도생식 파편화된 성장 접근으로는 앞으로 다가올 변화와 도전에 대응할 수 없다. 또한 정부가 개입해 성장을 주도하는 방식으로는 미래 사회의 변화 속도와 혁신 환경에 대응하기 어렵다. 성장동력을 연결하고, 창의적인 혁신이 솟아나도록 규제를 풀고, 사회통합성을 높일 경제성장의 협업 생태계가 개방적이고 수평적으로 조성되어야 한다.

따라서 사회통합적 신성장전략으로 경제·사회의 성장동력을 살리

고 경제·사회적 균형을 찾아야 한다. 미래 사회의 거대한 변화와 도전에 준비하고 대응하기 위해서는 경제성장에 대한 보다 근원적인 발상의 전환을 해야 할 때이다. 세계 각국이 금융위기 이후 경제 활성화를 위해 정부지출 확대와 양적완화를 통해 재정과 금융을 쏟아부었지만 저성장이 장기화되고 있다. 불평등과 양극화의 갈등을 그대로 둔 채, 정부가 주도해 수요를 부추겨 성장을 이끄는 배타적 성장전략으로는 저성장과 불평등에서 탈출하기 어렵다. 사회 불평등, 소득 격차, 기회 불평등, 그리고 이로 인한 사회적 불평등이 경제성장을 끌어내리는 올가미가 되고 있다. 이제 성장전략과 패러다임을 바꿔야 한다. 성장 주체들이 개방적이고 수평적으로 질적 성장을 이뤄낼 수 있도록 경제 성장전략을 전환해야 한다. 따라서 "사회적 갈등 비용을 줄이고, 다양한 계층의 인적, 물적 자원이 공정한 경쟁을 통해 성장에너지로서 폭넓게 참여하도록 사회통합적으로 접근해야 한다. 아울러 계층이동의 사다리가 누구에게나 기회의 문으로 열려 있는 긍정적인 사회문화적 자본을 두텁게 하지 않으면 안 된다."[8]

사회통합의 접점, 선진국의 사회적 협약

현실적으로 사회통합의 합의 도출은 가능할까? 네덜란드, 아일랜드, 독일은 사회적 합의 문화를 살려서 성공적으로 사회협약을 이끌어냈다. '유럽의 병자'에서 '유럽의 견인차'로 변신한 변곡점이 된 셈이다. 사회적 갈등이 심해지고 공동체의 공공성이 약한 사회일수록 사회통합의 공감대 형성은 쉽지 않은 과제이다. 대나무는 가지가 가장 무성하고 곧게 자라는 수종이지만, 뿌리는 하나로 연결된다. 다른 생각을 존중하면서 대화하고 포용해 사회통합의 뿌리를 내리는 것이 민주주의이다.

사회통합적 신성장의 기반이 될 임금, 세제, 사회보장, 공공지출, 노동개혁을 둘러싼 사회적 갈등의 소용돌이 속에서도 통합의 접점을 성공적으로 이끌어낸 사례를 주목할 필요가 있다. 예를 들면, 경제·사회적 위기 속에서 1987년부터 아일랜드가 3년마다 이뤄낸 사회적 파트너십 협약, 1982년 네덜란드가 이끌어낸 바세나르 협약과 2013년의 새로운 사회협약, 그리고 2003년 독일의 하르츠 개혁이 대타협을 기반으로 지속 가능한 내생적 성장을 도출해낸 사회적 협약의 중요한 사례라고 본다. 이 국가들이 사회적 합의를 이끌어낸 데는 공통점이 있다. 열린 포용적 사회 생태, 정치인들의 협치, 이해관계자들의 공동체에 대한 인내와 협력이다. 앞으로 우리 사회의 화합 공간을 넓히기 위한 선례로서 재조명해본다.

네덜란드 바세나르 협약[9]

1960년대 경제적인 번영을 이뤘던 네덜란드는 1970년대로 접어들면서 임금과 물가의 급상승, 높은 조세 부담과 노동 비용, 사회보장 제도에 의존하는 계층의 증가, 재정적자 확대, 노동 참여율의 하락과 실업률의 상승, 높은 청년 실업 등 소위 '네덜란드 병'을 앓게 되었다. 바세나르 협약은 이러한 위기 속에서 기업, 산업, 나아가 범국가 차원에서 노사가 1982년 임금 인상 억제와 노동시간 단축(40시간→38시간)을 통한 경제성장과 고용 증대를 복원하기 위한 사회적 협약이었다. 이를 통해 마이너스 성장에서 플러스 성장으로, 노사갈등에서 노사협의로 경제·사회적 변화를 일궈냈다.

- 노동계 대표: 농민·원예사 가톨릭연합, 노동조합총연맹, 기독교전국노동조합, 중간·고위급 직원노동조합
- 사용자 대표: 경제인연합회, 기독교사용자연합회, 왕립기업연합회, 기독교기업인연합회

네덜란드 정부는 경제위기를 돌파하기 위해 1980년 국회의 동의를 얻어 합법적 임금동결을 결정했다. 하지만 1982년 합법적 임금동결을 강행하려는 강력한 정부의 의지 앞에서 당시 노총위원장이었던 빔 콕Wim Kok은 기존의 실패 사례에서 탈피해 임금 안정을 택했고, 사용자와의 협상을 통해 그 대가로 근로시간 단축과 젊은 실업자들의 훈련 기회 확대 등을 얻어냈다. 정부의 법적 임금동결 시행을 앞두고 노사의 자율적인 협의와 협력을 바탕으로 바세나르 협약이 체결되기에 이르렀다.

고용정책과 관련해 바세나르 협약은 근로시간 단축, 시간제 근로의 활용, 노동시간 유연성, 청년 실업 해소, 일자리 공유 등 다양한 일자리 배분과 노동유연성을 권고했다. 정부에게는 노사협의안을 토대로 자유로운 협상 생태계를 발전시키도록 지원할 것을 요청했다. 바세나

르 협약 이후 네덜란드 경제는 고용성장, 수출 회복, 노동시간과 노동시장의 유연성, 양극화 완화 등으로 경제 회생을 가져온 긍정적인 효과가 1990년대 후반까지 지속되었다.

여기에서 주목할 부분은 일자리 창출의 대부분을 차지한 파트타임 일자리의 시간제 근로자들이 거의 정규직으로서 풀타임 정규직과 비교해 시간적으로 동등한 대우를 받고 있다는 사실이었다. 단체협약을 통해 파견근로자 등 비정규직에게도 동일노동 동일임금이 적용되어 정규직 노동자들과의 임금 격차가 벌어지지 않았다. 이제 네덜란드 사회에서 파트타임이나 파견근로자의 근로 형태는 풀타임에서 밀려난 고용이 아닌 일과 가정, 개인의 삶과 직장 사이에서 시간을 유연하게 활용하는 정상적이고 보편적인 근로 형태로 정착되면서 노동시장의 유연성이 확대되었다.

노동시장의 유연성을 뒷받침하는 데 정부의 재정정책과 노동시장 정책도 한몫했다. 임금 안정과 노동시장 유연성에 따른 소득 위축으로 인한 소비 감소를 차단하기 위해 세금과 사회비용 부담을 줄여주는 재정정책을 폈다. 또한 저숙련노동자에게는 사회보장기금 등으로 임금 지원, 고용 혜택 보장, 직업훈련 등을 통해 노동시장에 참여할 수 있는 기회를 제공하는 노동시장 확장 정책을 실시했다.

네덜란드는 1982년 말 바세나르 협약 이후에도 1993년 새로운 노선 협약New Course, 1995년 유연안정성 협약Flexicurity 등 노사 간 신뢰와 존중을 엮어내는 사회적 협약이 계속되었다. 이 네덜란드의 사회협약들은 노사 간 협의를 기반으로 하면서 정부의 직접 개입은 피했지만, 노사 간의 협의와 대화를 촉진할 수 있는 정부의 촉매제 역할을 어디에 두고 어떤 차원에서 해왔는지 벤치마킹해야 할 좋은 사례라고 본다.

아일랜드 사회파트너십 협약[10]

아일랜드는 유럽연합 가입(1973) 이후 무역장벽이 낮아지면서 전통 제조업의 경쟁력이 상실되고 경제성장이 낮아지고 노사갈등이 심해졌다. 이런 경제·사회적 위기상황이 1980년대에 접어들면서 높은 실업률, 인플레이션, 국가채무, 재정적자로 번졌다. 아일랜드는 1987년 사회파트너십 협약Social Partnership Agreement 체결을 시작으로 3년마다 명칭을 바꿔 협약을 갱신해왔다.

사회파트너십 협약은 총리부의 경제사회정책실과 국가경제사회연구회NESC, National Economic and Social Council가 추진했다. NESC는 위원장, 부위원장 외에 4대 경제주체(노·사·농·비영리 공익단체)와 정부가 각각 5명씩 추천한 인사 및 중소기업과 주요 연구기관 대표 등 독립위원(5명 이내)으로 구성되었다. NESC는 국가의 경제사회발전을 위한 정책을 정부에 제공하고, 1986년부터는 경제발전과 사회통합적인 정책수단을 발굴해 발표한 정책 보고서들이 사회협약 체결 협상을 위한 기본 틀을 제공했다.

- 사회파트너십 협약 체결 과정: NESC 정책 보고서 → 여론 수렴 및 사회적 토론을 거쳐 종합 실천 방안 마련 → 사회파트너십 협약안 발표 → 노·사·농·비영리 공익단체 등 주요 경제사회 주체들의

전국 단위 협의체에 사회파트너십 협약안 상정, 표결을 통한 수용 여부 결정 → 수용이 결정되면 협약안 확정

1987년 제1차 사회파트너십 협약의 내용은 임금 인상을 억제하는 대신 세금 감면, 사회보장 혜택 증대, 재정관리, 세제개혁, GNP에 대한 국가부채 규모의 안정화 등이었다. 그 후 아일랜드의 사회파트너십 협약을 3년마다 갱신하면서 주거, 보험, 이민, 실업 대책, 교육, 폐기물 관리, 아동과 노인과 장애인 보호, 약물 남용, 정보사회, 아동 빈곤을 대상으로 10개 영역의 거시적 목표와 이행방안에 합의했다. 여기에 서민주택 건설기금 조성, 임금 인상에 대한 합의, 국가개발계획을 통한 생산성 증대, 기회 균등, 지역 간·도농 간의 지속적인 균형발전 등 참여 단체의 범위와 협약의 의제를 점차 확대하면서 경제발전과 번영, 사회적 평등과 통합을 이끌어왔다.

독일 하르츠 개혁[11]

하르츠 개혁은 고통과 인내의 작품이었다. 2000년대 초 독일의 경제와 사회보장체계는 어려운 상황에 처해 있었다. 당시 성장은 정체되어 있었고 실업자는 400만 명을 넘어 2005년 600만 명을 초과했고, 실업률은 11.3퍼센트로 유럽에서 세 번째로 높아서 '유럽의 병자'로 밀려났다.

하르츠 개혁의 주된 목표는 노동시장의 유연성을 확대하는 데 있었다. 하르츠 개혁은 폭스바겐 이사 출신으로 2002년 독일 연방정부

가 만든 '노동시장에서 현대적인 서비스' 위원회의 위원장이었던 피터 하르츠Peter Hartz의 이름을 딴 것이다. 2002년 8월 게르하르트 슈뢰더 총리와 피터 하르츠 박사는 3년 내에 실업자를 절반으로 줄일 독일 노동시장 개혁의 마스트플랜을 발표했다. 당시 하르츠 개혁 보고서의 개혁 원칙은 13개의 개혁모듈Innovationmodule을 핵심내용으로 정책화했다.

(1) 광범위하게 지역별 잡센터job center를 신설해 구직자들을 위한 상담과 보호, 구직자와 기업 간의 직업알선을 적극화하고 구직 속도를 증진시킨다.

(2) 실업자 개개인의 상황을 일자리 알선 과정에서 세심하게 배려한다. 부양가족이 있는 실업자에게 우선권을 주고, 자녀보육 시스템에 직업 알선 시스템을 결합시켜 직장에서 자녀가 있는 노동자들을 위한 자녀보육 시설을 갖추도록 한다.

(3) 중계 과정에서 구직자를 지리적, 사회적 범주에 따라 구분해 구직자에게 자발성과 의무를 결합시킨다. 예를 들면 미혼자인 독신 실업자는 전국적인 수준에서 일자리를 찾을 수 있기 때문에 이주비도 제공된다. 하지만 소개된 일자리를 거절하는 실업자는 그 이유를 증명해야 할 의무를 지며, 실업급여가 인하된다.

(4) 잡센터는 청년 실업자가 능동적으로 직업훈련을 받고 일자리를 찾게 하는 의무를 갖게 되고, 교육시간 및 가치증서를 획득한 청년 실업자는 재정적 도움과 교육, 훈련의 기회를 보장받게 된다.

(5) 고령화에 따라 노령화되고 있는 실업자의 고용 촉진 방안을 강

구한다. 55세 이상 실업자가 퇴직 이후 낮은 보수의 일을 하면, 종래 실업보험을 임금보험으로 대체해 상실된 소득의 일부를 첫 1년간 보상해주고, 실업보험 부담금을 낮춰준다.

(6) 비효율성을 줄이기 위해 실업구제와 사회구제의 시스템을 통합하고, 구제 범주를 실업수당 I과 II, 사회수당으로 명확히 구분해 중복을 피한다. 하르츠 개혁으로 2005년 이후에는 실업부조가 폐지되었고, 사회보장체계에 실업수당 II ALG II, Arbeitlosengeld II가 새로 도입되었다. 실업부조가 폐지됨에 따라 실업자들은 일자리를 더 적극적으로 찾게 되었다. 실업수당 수급 기간도 과거 최대 32개월에서 18개월로(대량실업 사태 시 지원은 2년에서 1년으로) 축소되었다.

(7) 기업들에게 일자리를 유지하고 창출할 의무를 부여하고, 고용 결산 및 고용 증대를 가져온 기업에는 실업보험 부담금의 감축 혜택을 부여한다.

(8) 실업 감축을 위해 잡센터에 개인서비스대행사 PSA, Personal Service Agenturen를 설치하고, 잡센터의 제안에 의해 모든 실업자는 대행사들에 소속된다. 소속된 실업자들을 대행사들이 제한된 기간 동안 기업에 중계함으로써 실업자들을 노동시장으로 통합되게 한다.

(9) 실업자들의 자영업 추진을 통한 고용 기회를 늘리고 불법 음성 노동을 양성화하기 위해 Ich-AG 혹은 가족 주식회사, 그리고 소규모 노동의 미니잡 Mini-Job 을 활성화한다. 실업자가 자영업으로 자기 주식회사를 등록하면, 3년 치 실업수당과 사회보험수당 규모의 창업비를 지원받게 되고, 세금도 10퍼센트가 적용된다. 또한 2003년 실시된 미

니잡 개혁에 따라 부업으로 저임금 고용에 종사하는 미니잡이 매력적인 근로 형태로 변하면서 미니잡 노동인구를 증가시켰다. 나아가 시간제 노동에 대한 규제 완화와 고령자에 대한 파트타임 근로자 조건 완화로 시간제 노동 부문의 고용이 증가하면서 노동시장 유연성이 확대되었다.

⑽ 연방노동청에 인터넷 등 IT 기술을 도입해 연방노동청BA 업무를 혁신하고, 지역의 잡센터와 연방의 컴피텐츠센터Kompetenz Center를 활성화시켜 개혁모듈에 부응하도록 업무지원을 개혁한다.

⑾ 새로운 일자리와 고용발전을 위해 지방노동사무소Landesarbeitsamter를 연방국가의 컴피텐츠센터로 전환해 노동시장정책과 경제정책을 연결해 연방주와 기업 및 경제단체들 간의 상호협조 및 조정 체제를 이룬다.

⑿ 실업자 감축에 투입될 재정의 선순환을 위해 잡플로우터Job Floaters 체계를 구축해 실업재정을 노동재정으로 전환한다. 잡플로우터는 중소기업의 실업자 고용을 장려하기 위해 대부 방식으로 지원해주고, 새로운 일자리를 창출하는 모든 기업에 대하여 10만 유로 범위 내에서 지원이 제공된다. 이렇게 하여 실업자가 줄어듦으로써 절약되는 실업수당과 실업보조금은 자기 주식회사나 PSA를 통한 고용 촉진을 위해 재투자된다.

⒀ 그동안 추진되어온 일자리를 위한 연대의 연장선으로서 하르츠 개혁안에 대한 유관 조직들과 단체들의 적극적인 후원과 협조를 통한 사회적인 개혁에의 동참을 기대한다.

독일은 하르츠 개혁의 영향으로 노동시장의 유연화, 실업자 감소, 비전형 고용의 확대, 기업의 일자리 창출, 실업부조 제도 폐지, 실업수당 수급 기간의 축소 등 노동시장과 사회보장제도를 획기적으로 개혁했다는 평가를 받고 있다. 그 결과 독일은 유럽의 병자에서 유럽의 견인차로 성장했다.

사회통합적 신성장 플랫폼

사회통합적 신성장 플랫폼

이제는 플랫폼 성장 시대이다. 밀어넣기 식 파이프라인 성장이 아니라 개방적이고 수평적인 플랫폼 성장으로 가야 한다. 스티브 잡스Steven Paul Jobs는 하버드대학 졸업식 축사에서 '점을 연결하라connecting dots'고 설파했다. 협력과 협업의 시대를 예고한 것이다. 이제 근본적으로 경제성장관經濟成長觀을 바꿔야 한다. 경제개발기에는 성장을 받쳐줄 몇몇 가지를 집중적으로 키우면 성장이 가능했다. 하지만 중진국을 넘어 선진국으로 진입하려면 성장의 숲이 필요하다. 선진국형 성장의 숲을 이루게 할 생태계를 갖춰야 하고, 성장의 숲이 생명체로서 역동적으로 조성되도록 플랫폼을 구축해야 한다. 경제성장은 몇몇 변수에 의해서 이뤄지지는 않는다. 성장의 지류가 합류되도록 융복합되고 시스템화되어야 성장의 본류를 이룰 수 있다.

산업 4.0 내지 4차 산업혁명 시대를 맞아 경제생태와 성장생태는 대변혁에 직면해 있다. 탑 다운의 파이프라인 경제ᵖⁱᵖᵉˡⁱⁿᵉ ᵉᶜᵒⁿᵒᵐʸ 생태에서 협업과 연결(네트워킹)을 통한 공감과 숙의 과정을 거치는 개방적이고 수평적인 플랫폼 경제ᵖˡᵃᵗᶠᵒʳᵐ ᵉᶜᵒⁿᵒᵐʸ 생태로 전환되고 있다. 플랫폼은 문제 발굴과 문제해결, 창의적인 아이디어와 상상력이 소통되고 네트워킹되는 토론과 협업 공간이다. 따라서 플랫폼 경제에서 무엇보다 중요한 생태는 개방성·수평성·유연성·연결성이다.

최근 우리 사회에서 경제성장을 둘러싼 논쟁이 지속되고 있다. 소득주도성장을 비롯해 포용적 성장과 혁신성장까지 다양한 성장 패러다임이 제시되고 있다. 그런데 경제성장에 대한 담론은 무성하나, 성장의 철학과 방향에서 신뢰를 얻지 못하고 있다. 정작 소득주도성장으로 시동은 걸었지만 성과를 내지 못한 채 비판의 도마 위에 있고, 혁신성장은 시동이 제대로 걸리지 못하고 있다. 성장의 지류는 있는데 이 지류들을 합류시켜 성장의 본류를 만들어나갈 실천적 전략이 손에 잡히지 않는다.

사회통합적 신성장 패러다임의 핵심은 자유시장경제를 토대로 불평등과 양극화의 갈등을 완화하면서, 수요 축과 공급 축, 그리고 경제·사회적 시스템의 융복합형 혁신을 통해, 성장동력의 협업과 지속 가능한 균형성장을 이루는 데 있다. 이런 점에서 신성장전략은 성장 일변도의 배타적인 경제성장과 근본적으로 궤를 달리한다. 또한 수요 증대에 매달려 경제성장을 부추긴다거나, 생산성 증가를 통한 공급 증대에 치우친 소위 한쪽 날개 식 경제성장을 추진해서는 통합적 신경제성장을 이룰 수 없을 것이다. 수요 축이나 공급 축의 부분적이고 산발적인 개

파이프라인 성장	→	플랫폼 성장
• 수직적·칸막이 성장 • 지시·주도형 성장 • 불균형 성장 • 배타적 성장		• 수평적·개방형 성장 • 협업 성장 • 균형 성장 • 포용 성장

혁으로 경제성장을 되살리기란 역부족이다.

최근 정부 주도로 각 성장정책을 내세우고 있기 때문에 민간부문 성장주체들이 소통하고 협력할 공간이 협소한 외생적 성장이다. 정부와 정치가 개입해 시장을 압도하고 민간부문 성장주체들을 소외시켜서는 성장에너지가 살아나기 힘들다. 경제성장은 소통, 포용, 협업해야 성공할 수 있다. 좁은 틀과 칸막이 식 성장전략에서 벗어나, 시스템적으로 문제점을 도출하고 연속적으로 문제 해결을 하는 내생적 성장이자, 개방적이고 유연하게 협력하는 플랫폼식 성장이 필요하다. 플랫폼을 통해 종합 패키지로서 핵심 성장동력을 합류시키는 협업 시스템collaborative system 말이다. 그 요체가 바로 신성장 플랫폼new growth platform이다. 플랫폼 위에서 크고 작은 조합들(위킹그룹)이 서로 네트워킹하면서 기민하고agile 유연하게flexible 문제 해결을 해나가야 할 것이다. 여기에는 협치와 포용의 리더십이 발휘되어야 한다. 개방·협력·수평·소통·통합을 이끄는 선순환 리더십 말이다. 이유는 사회통합적 신성장은 포괄적이고 융합적인 성장 협업과 연쇄적인 개혁이 상호 시너지 효과를 내야만 이뤄질 수 있기 때문이다. 특히 사회통합적 성장에서 개혁과 혁신의 문화와 유전자는 매우 중요하다. 개혁이 없이는 불평등의 갈등 구조를 바꾸기 힘들고 사회적 이동도 고착화됨으로써 경제·사회적 역동성이 살아나기 힘들다. 사회통합이 탄력을 받기 어려워질 것이다.

신성장 플랫폼의 성격에서 수평적이고 개방적인 참여와 협업, 성장동력의 상호 네트워킹, 문제해결에서 기민한 피드백, 그리고 이에 상응하는 역할과 권한은 매우 중요한 요소다. 다양한 성장혁신 주체로 구성해 열린 토론과 문제 해결을 도출해낼 실천적 협업의 장이 되어야 한다. 수직적이고 폐쇄적인 밀어넣기 식 파이프라인 성장으로는 사회통합의 물줄기를 담아낼 수 없다. 정부와 민간부문 및 연구소가 산·학·관·연 파트너로서 성장의 숲을 이룰 플랫폼에 참여해야 한다. 예를 들면 사회통합적 성장의 혈맥을 막고 있는 장애물을 제거할 대책과 로드맵을 제시하고, 정부와 민간부문 및 연구소가 시너지를 도출할 협업과 지원 등 생산적 기제로서 사회통합적 신성장을 주도하도록 플랫폼에 역할과 권한이 주어져야 할 것이다.

독일은 국가의 혁신전략을 짜는 단계부터 기업들이 주도적으로 참여하여 인더스트리 4.0 전략을 도출해 제조업 혁신을 이뤘다. 그 결과 생산성이 향상되고 임금이 상승하면서 성장과 일자리가 동반 상승했다. 그 동력은 정부-기업-협회-전문가 사이의 협업 플랫폼에 있었고, 민간 주도적인 플랫폼이었다. 또한 지방의 사회통합성을 높이기 위해 그 지역에 소재한 대학, 기업, 연구소 등 지역 협업 플랫폼도 강화되어야 할 것이다. 이를 통해 지역 중소기업의 협업을 통한 새로운 일자리

사회 통합적 신성장 플랫폼

포괄적이고 융합적인 성장 협업과 연쇄적인 개혁 실행
↑
협업 시스템 내 영역별 문제해결형 워킹 그룹 구성
↑
성장주체들의 소통과 협력을 이끌 협업시스템 구축
↑
핵심 성장동력의 네트워킹
↑
다양한 성장주체의 플랫폼 참여

창출과 지역경제 활성화 기반을 조성해야 한다. 따라서 신성장의 동력은 정부 주도가 아니라, 다양한 성장동력을 합류시킬 플랫폼 생태계의 구축과 운영에서 추동력을 찾아야 할 것이다.

사회통합적 신성장전략

사회통합적 신성장전략은 성장동력의 융복합적 네트워킹이다. 사회통합적 신성장 플랫폼은 사회적 갈등과 경제적 불평등을 완화하고 여러 성장동력을 통합하는 지속 가능한 성장이기 때문에 다차원성 multi-dimensionality을 포용해야 한다. 소득, 일자리, 교육, 복지, 보건의료뿐 아니라 공공 서비스, 취약계층 주거, 기후변화, 환경, 에너지, 안전, 공평한 기회 등 사회적 관계와 인프라를 포괄한다. 여기에서 사회통합적 신성장 플랫폼에서 추진해야 할 5대 신성장전략을 제시한다.

첫째, 수요 축 사회통합적 성장 플랫폼을 혁신해야 한다. 조세개혁과 예산개혁을 중심으로 하는 재정개혁, 가계와 민간 및 공공기관 부채개혁, 금융개혁, 사회보장개혁, 임금 격차 완화 등 사회통합성을 높일 수 있는 종합적인 수요 측면의 성장 기반 개혁이 필요하다. 이 개혁은 개별적으로 파편화된 개혁이 아닌 성장 플랫폼을 통해 상호 연계된 협업 개혁으로 이뤄져야 한다. 성장의 열매가 소득으로 분배되고, 분배된 소득이 내수로 성장에 재투자될 수 있도록 개혁 콘텐츠가 플랫폼 속에서 정비되어야 한다. 재정을 앞세운 필마단창匹馬單槍식 성장 접근은 불평등 완화에도 성장에도 도움이 되지 않는 마른땅에 물붓기 식의 단편적인 효과에 그칠 것이다.

재정개혁에서 조세개혁은 어느 특정 조세에 집착하기보다 조세 구조, 국제적인 조세 환경, 세율, 조세 감면과 비과세 등 세제의 전반적인 틀에 대한 근본적인 재검토가 우선되어야 한다. 일부 조세나 세율의 조정으로써 지속적인 사회통합성을 제고하기는 어렵다. 조세 구조적 측면에서 단기적이고 중기적인 개혁 로드맵을 사회통합적인 신성장 플랫폼에서 설계해야 할 것이다. 국가 예산 역시 사회통합적 신성장 측면에서 범부처적으로 예산의 연계성과 통합성을 높이는 예산 구조조정과 함께 예산 운영의 시너지를 높여야 한다. 나아가 중장기적인 신성장 패러다임이 예산에 전략적으로 농축되어 도전적이고 선제적으로 과감하게 지원하도록 재구조화되어야 한다. 특히 급증하는 분배·복지 관련 지출과 조세수입의 연계성이 재정개혁의 무거운 짐이 될 것이다. 그럼에도 불구하고 분배·복지지출 확대와 재정적자 증대 사이의 재정마찰 해소 방안을 도출하는 일은 사회통합적 신성장 플랫폼에서 풀어야만 할 핵심과제이다.

특히 재정개혁에서 재정수요를 뒷받침할 세입과 세출 및 재정적자를 유기적으로 조정하고 제어할 재정 견제 시스템을 구축해야 한다. 재정건전성에 대한 단기, 중기, 장기 기준을 마련해 재정 견제 시스템이 효과적으로 작동되어야 할 것이다. 단기적인 시계視界에 따라 재정운영이 시계추처럼 움직이면 재정건전성은 취약해질 수밖에 없다. 재정건전성이 견지되지 못하면 사회통합적 신성장을 위한 경제·사회적 인프라 구축이 국가부채에 의존되므로 지속되기 힘들어진다.

재정개혁에서 4차 산업혁명을 접목해야 한다. 물리적이고 인위적인 개혁을 넘어 투명성과 과학성을 높이는 개혁을 강조하고 싶다. 중앙부처, 지방정부, 세입과 세출, 예산의 중장기 로드맵 등 구조개혁을 AI, 빅데이터, 블록체인에 기반을 둔 미래지향적인 재정개혁으로 가야 할 것이다.

가계, 민간 및 공공기관 부채개혁에 대한 실천 로드맵도 구체화되어야 한다. 부채는 단기간에 해소할 수 없기 때문에 단기, 중기, 장기의 로드맵과 함께 리스크에 대한 평가가 보다 실효성 있게 이뤄져야 한다. 특히 가계부채는 이미 양적 측면에서 GDP의 95퍼센트를 훨씬 넘어서 OECD 평균보다 20퍼센트 높을 뿐 아니라, 질적 측면에서도 위험성이 잠재되어 있다. 한계가구와 취약계층의 가계부채 리스크를 해소하는 것이 급선무이다. 가계부채의 경우 소득 계층에 따라 차이는 있지만 소득에서 부채의 원리금이 상환되어야 하고, 생애가처분소득에 대한 불확실성을 높이기 때문에 개인 소비와 내수 확장의 제약으로 작용하게 된다.

부동산 경제에 대한 정책적 접근은 신중해야 한다. 부동산 수요 규제에 의한 투기 잡기 식, 가격 누르기 식 정책은 시장 사이클을 왜곡하고 효과도 지속되기 어렵다. 최근 부동산을 둘러싼 규제성 정책이 쏟아졌지만, 과잉유동성이 값비싼 수도권 부동산 시장으로 수요가 이동해 가격과 시장의 양극화 조짐을 보였다. 부동산 공급의 한계성 때문에 규제정책은 지역 간, 계층 간, 세대 간 풍선효과로 귀결될 개연성이 많다. 부동산 경제가 국민경제에서 차지하는 비중이나 금융, 가계부채, 주거, 투자 등에 미치는 파급효과는 광범위하다. 이런 점에서 부동산 정책도 경제사회적인 큰 틀에서 시장원칙에 기반을 두고 접근해야 할 것이다. 그동안 부분적으로 과장되게 확증편향적으로 시장과 동떨어진 부동산 정책이 실패로 귀결된 정책 오류는 이미 여러 차례 경험한 바 있다. 중장기적인 공급 로드맵을 제시하면서 자금 이동의 쏠림을 바로잡고, 투기로 인한 가격상승 억제책을 실시해야 정책의 실효성을 기대할 수 있을 것이다. 공급 측면에서 시장 안정에 대한 연도별, 지역별 공급 시그널이 우선되어야 한다. 시장은 물리적이고 경직된 정책보다 더 빨리 반응하는 경향이 있다. 지역별, 계층별, 세대별로 탄력적이고 차별화된 정책적 접근이 필요하다.

사회통합성 제고와 밀접한 관련이 있는 사회안전망으로서 사회보장과 복지개혁에 대한 논의도 본격화되어야 한다. 지금까지 사회안전망이 취약한 상황에서 사회보장과 복지의 양적 확대에 치우쳐왔다. 현시점에서 종합적인 시스템 점검과 철저한 효과성 평가가 우선적으로 이뤄져야 한다. 무엇보다 인더스트리 4.0 시대의 산업과 일자리 지형 변화, 최저임금 인상에 따른 사회적 비용을 줄이기 위해 일자리 창출

사회통합적 신성장 프레임

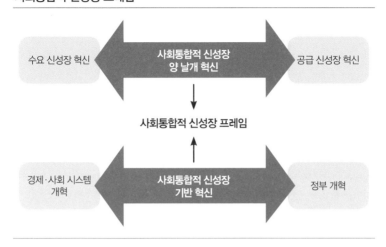

형 사회안전망 확충과 제도 보완이 함께 이뤄져야 할 것이다.

저출산과 고령화로 인해 성장동력과 사회통합성이 후퇴할 것에 대비해 노동과 복지의 사회안전망을 유기적으로 연계시켜야 한다. 고령층 정년 연장의 사회경제적 백업프로그램으로서 근로임금보험제 혹은 근로임금저축계좌제의 도입, 직무 역량 강화, 근로 환경 개선, 고령자의 일자리 진입장벽 완화 등 실질적인 고령층 노동정책을 통해서 고령층에 대한 고용 기회 확대와 생산 효과를 유발할 수 있도록 해야 할 것이다. 지금처럼 물리적인 나이에 기반을 둔 정년 연장만 가지고는 생산 효과를 기대하기 어려울 것이다.

나아가 앞으로 저출산으로 인한 생산가능인구 감소에 따라 출산과 여성의 일자리 안정 보장은 우리 사회의 가장 중요한 현안이다. 출산휴가 동안 소득의 사각지대가 발생하지 않도록 현재 고용보험에서 지원하는 출산휴가 수당을 일반 재정에서 기본소득을 보장해주도록 사회안전망 차원에서 개혁할 필요가 있다. 아울러 출산, 육아로 인한 여성의 경력 단절이 없도록 일과 가정의 양립 및 일과 생활의 균형에 초점을 둔 근로 유연화(근로 시간 및 근로 방식)를 우선 적용해 여성의 일자리 안정을 보장해줘야 할 것이다.

둘째, 공급 축 사회통합적 성장 플랫폼을 혁신해야 한다. 생산성 증가, 규제개혁, 노동개혁, 교육개혁, 공기업 및 공직사회 개혁, 창업 및 스타트업 생태계 활성화, 산업 패러다임 혁신(4차 산업혁명, ICT를 기반으로 하는 스마트 팜), 구조조정 등 공급 측면의 성장 기반 개혁의 로드맵을 종합 패키지로 플랫폼에서 협업적으로 구축해야 한다. 현재 수요 측면에 매달려 있는 성장정책보다 공급 측면에서의 과감한 개혁이 더 긴요하다.

공급 측면의 혁신은 기업 주도적으로 이뤄질 수 있도록 정부가 민간부문을 지원해야 한다. 기업은 경제적 가치만 생산하지 않는다. 미래는 사회적 가치가 중시되는 시대이다. 사회적 가치를 확산시키는 주체로서도 중요한 역할이 기대되고 있다. 비즈니스를 통한 사회적 대화와 협력의 지평을 넓히고, 사회문제를 해결하는 데 민간부문의 참여와 기여가 사회통합적 역할을 해주지 않으면 안 된다.

한국은 저출산과 고령화의 급격한 인구구조 변화와 생산연령 감소로 생산인구 보너스가 없어졌다. 이제 성장동력은 생산성과 산업경쟁력에서 찾아야 한다. 우선 생산성을 높이기 위한 투자 환경과 혁신 생태계를 살려야 한다. 기업의 역동성과 자율성, 기업가 정신이 창달될 수 있도록 규제를 재설계해 산업경쟁력을 높여야 한다. 기존 산업의 생산, 기술, 가치사슬 체계를 고도화하고, 미래지향적 신산업을 중심으로 산업구조 재편과 혁신을 과감하게 촉진해야 한다. 서비스 산업의 혁신 역량을 강화하는 구조개혁과 함께 한계기업에 대한 구조조정도 수반되어야 한다.

미래 신성장 분야의 창의적인 벤처, 스타트업 생태계를 적극 조성해줘야 한다. 이곳에서 개발된 신기술이 효과적으로 상용화·사업화될 수 있도록 절차, 금융, 규제혁신 등 적극적인 투자 환경을 플랫폼에 조성해 새로운 일자리가 창출되도록 사회통합의 지평을 넓혀야 할 것이다. 혁신적인 기술창업스타트업 및 인수합병M&A의 활성화를 통해 혁신적 인재가 유입되도록 해야 할 것이다. 나아가 스타트업이 중소기업과 대기업과의 협업을 통해서 글로벌 시장에 도전하고, 경제 동반자로서 성장할 수 있어야 한다. 최근 세계경제포럼WEF이 내놓은 한국의 규제경쟁력 순위가 138개국 중 105위로 하위권에서 맴돌고 있었다. 우리 규제 환경의 실상이다.

삶과 문명의 거대한 패러다임 전환을 몰고 올 4차 산업혁명의 파고는 위기이자 기회이다. 4차 산업혁명 시대에는 노동이나 자본 등 요소 중심의 생산성 향상보다 혁신에 의한 생산성 향상의 비중이 훨씬 크다. 이미 글로벌 시장을 선도하는 구글, 아마존, 애플, 페이스북, 테슬라는 파괴적 혁신을 이뤄 생산성이 퀀텀점프하는 성과를 내고 있다. 혁신적인 역량을 가진 중소기업, 대기업, 벤처기업이 혁신성장을 이끌 수 있도록 파일럿 방식으로 규제개혁(샌드박스Sandbox 제도)을 한 다음, 그 성과를 토대로 규제개혁을 확산시키는 전략이 필요하다. 이런 점에서 싱가포르가 추진하고 있는 4차 산업혁명 전략은 벤치마킹해야 할 사례라고 본다.

4차 산업혁명이 몰고 오는 산업융합은 사회통합적 신성장에서 주목해야 할 영역이다. 산업융합은 제조업·서비스업·ICT의 융합뿐 아니라 대기업과 중소기업의 융합으로 확산되어야 한다. 대기업과 중소기업의 혁신적 융합모형으로서 중소기업이 창의적인 아이디어와 애플리케이션을 공급하고 대기업의 제품에 탑재함으로써 대기업과 중소기업 간 연결 부가가치를 제고시키도록 생산 분업의 협력 네트워크가 정교하게 발전하도록 하는 전략이다. 중소기업은 단순히 부품 공급체가 아니라 대기업의 수요자로서 제품을 생산하는 대기업의 파트너가 되고, 대기업은 중소기업과의 협업을 통해 제품 경쟁력을 높일 수 있을 것이다. 대기업과 중소기업의 포용적 생산 플랫폼의 구축과 확산은 서로의 부가가치를 증대시키는 데 바람직하다.

공유경제, 4차 산업혁명, 사회적 기업 등 새로운 산업지형이 사회통합적 성장으로 합류되기 위해서는 일자리 창출과 직업능력 개발이 핵심이다. 이 새로운 산업 생태계가 신규 일자리를 창출해 사라지는 일자리를 고용시장에서 보완할 수 있도록 기술과 인간의 협력적인 일터 생태계로 발전해야 할 것이다.

직종별로 단순·저숙련·중숙련 노동직은 자동화로 인해 일자리가 줄어들게 되는 반면, 전문·고숙련 기술직에 대한 사회적 수요는 증가할 것이다. 산업별로는 빅데이터 분석, 클라우드 컴퓨팅, AI 개발 등 신산업 분야에서 생산성이 급상승하고 새로운 일자리가 창출되는 대신, 전통 제조업에서는 생산성이 정체되고 일자리가 감소할 전망이다. 산업 및 일자리 지형의 변화에 따른 일자리 유실로 불평등과 양극화가 심해질 수 있다. 4차 산업혁명의 핵심기술인 AI와 빅데이터의 격차는 생산성 격차, 임금 격차, 고용 격차 등 경제·사회적 격차와 불평등의 그림자로 부각될 것이다. 일자리가 유실되는 직종과 산업의 노동자들을 대상으로 실효성 있는 직업능력 개발 교육과 일자리 이동 과정에 사회안전망을 확충해 기술과 사회가 상생 발전하는 기반을 적극 조성해야 할 것이다.

무엇보다 양극화를 완화하고 사회통합적 성장을 이끌어내는 주체는 인적자원이다. 취약계층과 저소득층에 대한 교육의 기회 균등과 포용적 교육을 확대해 이 계층에 대한 사회적 이동성을 높여야 한다. 그리고 미래 신성장 동력에 필요한 인재를 육성할 교육개혁과 교육 시스템을 개혁해야 한다. 빅데이터, 클라우드 컴퓨팅, AI, 로봇 등 신성장 동력의 핵심 기반에 필요한 소프트웨어 인력을 양성하고 충원하는 일에 대학, 기업, 정부가 손을 잡고 전략적인 대안을 내놔야 한다. 입시교육에 매몰되어 있는 교육체제로는 미래 사회를 이끌 인재를 배출할 수 없다. 인성교육을 비롯한 인문교육을 접목해 창의적이고 실용적인 과학기술 교육 프로그램으로 혁신하고, 초중등교육 시스템과 대학 입학 제도 등 제반 교육 시스템에 대한 발상의 전환과 근본적인 개혁의 공감대를 형성해야 한다. 핀란드와 덴마크의 교육은 국제적으로 가장 평판이 좋다. 학업성취도가 우수하고 행복한 사회의 인적 기반이 좋은 사회로 손꼽힌다. 교육을 통해 각자의 개성과 능력을 발견하고, 행복한 삶과 공동체 속에서 가치 있는 역할을 하도록 유도하고 있다.

나아가 노동시장을 일과 삶의 균형 및 산업구조와 일하는 방식의 변화에 따라 미래지향적으로 개혁해야 한다. 노동시장 개혁의 초점은 노동시장의 불평등 완화와 노동시장의 통합성 제고, 노동시장의 유연성 확대에 있다. OECD 국가 중에서도 한국은 노동시장의 불평등도와 노동시장 경직성이 높은 그룹에 속한다. 한국은 2018년 세계경제포럼WEF 국가경쟁력평가(140개국 중 15위)에서 노동시장평가(48위) 중 노사관계협력은 124위, 정리해고 비용은 114위로 바닥권이었다. 2018년 스위스 국제경영개발대학원IMD 평가에서도 노동시장 효율성 63개 중 53위로서 경직된 고용시장의 한계성이 드러났다. 최근 프랑스 에마뉘엘 마크롱 정부가 추진한 노동개혁은 국제적으로 주목을 받고 있다. 프랑스 노동개혁의 내용에는 노동조합(산별노조, 기업노조)의 권한 조정, 청년 인력의 노동시장 진입 확대를 위한 고용과 해고의 유연화, 외국 기업에 구조조정 유연성 부여, 해고 배상금 상한선 도입 등이 포함되어 있다.

2018년에 발표된 〈세계 인적자원 경쟁력 지수The Global Talent Competitiveness Index 2018〉에 의하면, 한국의 노사협력은 119개국 중 116위, 노동생산성은 29개국 중 24위로 낮았다. 특히 우리 사회에서 노사협력, 노동생산성 및 노동개혁은 사회통합적 신성장을 위한 중요한 사회적 인프라이다. 노동시장의 불안정성과 이중구조(임금, 고용 형태, 근로시간 등)를 개선하고, 기존의 산재한 고용안전망(기초생활보장, 두루누리사업, 최저임금, 근로장려세제 등)의 중첩성과 연계성을 종합평가해 실효성을 높이도록 재설계할 필요가 있다. 노동시장 내 부당한 차별(성별, 연령, 학벌 등)을 없애고, 정규직과 비정규직 간 임금 격차와 대기업과 중소기업 간 임금 격차를 완화하고, 직무 중심의 공정한 임금체계가 실현되도록 노동시장의 불평등을 제거해야 한다. 노동시장의 불평등 해소와 통합성 그리고 유연성은 함께 가야 한다. 노동시장에서 탈락하거나 소외된 노동 계층(장애인, 실업자 등)이 노동시장에 진입할 수 있어야 하고, 분절된 노동시장의 통합성도 높이면서 노동시장의 유연성이 서로 보완적으로 가야 할 것이다.

미래 산업지형 변화는 유연한 노동시장을 필요로 하고 있다. 4차 산업혁명, 혁신성장 및 혁신벤처는 효율적 노동시장이 뒷받침되어야 한다. 노동시장 유연성은 고용의 유연성, 임금의 유연성, 일자리 이동의 유연성, 근로시간의 유연성 등 다각적인 측면에서 짚어봐야 한다. 근로시간 주 52시간 단축은 획일적이고 경직적이다. 노동시간 단축에 따른 탄력노동, 재량노동, 근로시간 저축 등과 함께 노동자들이 시간제 근무, 재택근무, 프리랜서 등 다양한 형태로 노동시장에 참여할 수 있도록 하는 근로시간의 탄력성과 노동 형태의 유연성은 이미 현안이 되고 있다. 구글을 비롯한 글로벌 혁신 기업들은 근로시간, 근로형태, 일과 삶의 균형(워라밸) 등 노동자들이 자유롭고 자율적으로 일하게 함으로써 창의적인 혁신 생태계를 선도하고 있다. 아울러 노동시장 유연화에 따른 정당한 임금이 보전되기 위해서는 노동 형태의 유연성이 생산성 증가를 유발할 수 있도록 정교한 노동자 재교육re-skilling이 실시되어야 한다.

독일은 노동개혁과 노동자 재교육을 통해 일자리를 확대하고 생산성을 높여 성장동력을 회복하면서 임금 상승과 불평등을 완화해 사회통합성을 심화했다. 일본은 출향, 전적 등 인력 파송 유연화를 확대하는 한편, 노동자 재교육도 활발한 상황이다. 최근 독일과 일본의 경제 회복은 사회통합적 성장전략의 성공 사례로서 꼽을 수 있을 것이다. 이런 점에서 급속도로 발전하고 있는 신기술에 탄력적으로 적응하고 그것을 활용할 수 있도록 기업과 더불어 정책적으로 인적자본의 역량을 업그레이드해 생산성 제고를 유도하는 전략이 시급하고도 긴요하다. 인적자본 역량이나 생산성과 별개로 정부정책에 의한 임금인상과 보전은 엄청난 사회적 비용을 유발해 지속적으로 유지되기어렵다. 임금정책이 생산성과의 괴리가 생기면, 고용기반을 약화시켜 고용시장 악화와 실업자를 증가시킴으로써 사회통합적 성장과 포용적 성장을 저해하게 될 것이다.

셋째, 사회통합적 성장플랫폼은 중장기적인 스펙트럼하에서 경제·사회 시스템을 변혁해야 한다. 경제·사회 시스템이 하드웨어에 치우쳐 있고 한국식 울타리에 갇혀 있다. 공직사회가 경제개발기의 하드웨어적 사고에 젖어 있어 미래 사회의 소프트웨어를 수혈하기 위한 학습 커뮤니티, 즉 공직 러닝의 적극적인 혁신 생태계로 나아가지 못하고 있다. 미래 성장잠재력과 국가경쟁력의 새로운 변곡점을 찍기 위한 경제

·사회적 체질을 보강하지 않으면 안 된다. 경제·사회 시스템에 혁신적인 소프트웨어를 접목해 초연결, 초지능, 자동화로 요약되는 미래 생태계로 진화해야 할 것이다. 여기에는 자동화에 따른 노동시장 내 갈등을 해소하기 위해 제도 혁신과 규제개혁이 뒷받침되어야 한다. 이미 현실화되고 있는 저출산, 고령화와 4차 산업혁명은 일자리, 노동방식, 인간의 삶과 사회발전에 엄청난 질적 변화를 예고하고 있다. 예를 들면 일자리 미스매치로 심화되고 있는 청년 실업 문제 해결에 4차 산업혁명을 적극 접목할 필요가 있다. 청년 구직 인력 풀의 빅데이터를 AI를 활용해 분석하고, 블록체인을 활용해 일자리 매칭 수준을 높일 수 있도록 청년 실업 대책에도 혁신적인 접근을 해야 할 시기이다. 청년 구직자와 기업 구인자 사이의 일자리 매칭과 직무 만족도를 높일 수 있도록 청년 실업을 줄일 발상의 전환이 필요하다.

넷째, 성장전략의 궤도를 바꿔야 한다. 소득주도성장과 혁신성장의 각 날개는 펼치고 있는데 정작 성장의 몸체를 이끌 양 날개로서 탄력은 받지 못하고 있다. 소득주도성장이 기대했던 임금 인상 등을 통한 분배 개선의 총수요 증대 효과가 현실화되지 못하고 있다. 소비 증가도 약하고 투자와 수출 증가를 유발하지 못하고 있다. 소득주도성장 정책 실시 이후 2018년 소득 계층별 소득 변화를 분석해본 결과(8장), 전년 동기 대비 5분위 계층(상위 20퍼센트)의 가계소득은 증가한 반면, 1분위 계층(하위 20퍼센트)의 가계소득은 오히려 감소해 5분위 배율(5분위 소득/1분위 소득)이 악화됨으로써 양극화가 심해지고 있다.

소비가 단기적인 영향에 민감하게 반응하기보다는 장기적인 요인에 의해 영향을 받는다는 실증분석 결과는 이미 폭넓은 지지를 받아왔다. 일시적인 소득 보전으로 가처분소득이 올라가면 소비가 증가한다는 소비가설(절대소득가설)은 점점 설득력을 잃고 있다. 대신 고령화와 은퇴 후 생활 설계, 갚아야 할 부채, 주거비 부담, 교육비 등 기타 요인들 때문에 장기적인 평생소득이나 항상소득이 안정적으로 올라가야 소비가 늘어난다는 소비가설(생애소득가설, 항상소득가설)이 실제 소비행위를 더 잘 대변해주는 경우가 많다. 이런 점에서 일시적인 소득 증대로써 소비를 진작시키는 효과는 극히 제한적일 수밖에 없다.

　문제는 급격한 최저임금 인상과 획일적인 근로시간 단축, 투자심리 위축, 기업 생태계에 대한 불안과 불확실성, 규제 등으로 투자가 살아나지 못하고 일자리가 줄어드는 고용시장의 악화로 파급되고 있다는 데 있다. 선진국에 비해 생산성은 낮은데 임금 인상으로 인한 생산비 상승과 국제무역 규제로 수출경쟁력이 떨어지고 통상 환경도 후퇴하고 있다. 여기에 생산비 상승의 부담을 줄이기 위해 노동절약 기술진 보와 자동화 추진, 인력 감축으로 기존 일자리는 줄고, 청년을 비롯한 실업자 수가 증가하고 있다. 소득주도성장과 일자리 성장전략 사이의 모순과 충돌이다. 소득과 일자리를 다 놓칠 수 있다.

성장정책 마찰로서 나타나고 있는 충돌을 바로잡아야 한다. 이 모 순을 해소하려면 친親투자 기업 생태계를 조성하고, 4차 산업혁명의 접목을 통한 생산성 혁신과 새로운 일자리를 창출하는 데 기업이 적 극적으로 역할을 할 수 있도록 노동과 기업 정책 간 균형을 잡아야 한 다. 친투자 환경 조성을 통한 생산성 상승이 지속적으로 일어나서 임 금소득도 증가하여 분배 개선을 가져오도록 기업 발發 소득분배 생태 계를 활성화해야 한다. 4차 산업혁명을 선도할 신성장 산업과 중소· 혁신벤처기업 육성, 노동개혁을 통해 기업과 시장이 주도하도록 혁신 친화적 성장동력을 살려야 한다. 2018년 노벨 경제학 수상자인 폴 로 머Paul Romer 교수는 공공 일자리 확대에만 치우치지 말고, 연구개발R&D과 신지식창출 및 기술혁신을 촉진해야 지속적인 성장이 가능하다는 내 생적 성장론endogenous growth을 거듭 강조했다.

다섯째, 사회통합적 신성장 플랫폼의 설계자가 아니라 조정자요 균 형자로서 정부의 역할과 정부혁신이다. 정부와 민간의 협업, 기업의 파 괴적 혁신을 촉진하는 파트너로서 포용성과 유연성을 발휘하는 정부 로 변신해야 한다. 정부가 앞장서 거창한 설계를 해놓고 주도하는 시대 는 지났다. 자율과 개입, 시장과 제도, 노동과 기업 등 경제·사회적 관 계에서 바람직한 균형이 유지되도록 해야 한다. 이런 점에서 정부는 민간부문의 창의적인 성장에너지가 분출될 수 있도록 적극적인 규제개혁과 생태계 조성 및 리스크를 분담해줘야 한다. 기술이 융복합 형태로 빠르게 발전하는 산업 생태계하에서 혁신을 가로막는 칸막이 규제와 장애물을 제거하는 일도 긴요한 현안이다. 특히 규제개혁에 임하는 공직사회의 혁신과 국회의 생산적 역할이 필요하다. 국제적으로 인재와 자본의 이동이 자유롭기 때문에 앞으로 혁신적인 인재와 자본을 유치하는 일에서 경쟁이 더 치열해질 수밖에 없다. 국가 차원에서 글로벌 인재와 자본이 몰릴 수 있는 혁신적 환경을 미래지향적으로 조성하는 데 정부가 앞장서야 할 것이다.

지금까지 제시한 사회통합적 신성장 플랫폼은 경제·사회적 개혁을 기반으로 한다. 폭넓은 개혁을 모자이크 식으로 추진해서는 개혁의 시너지를 도출하기가 어려울 뿐 아니라 성장동력도 합류시킬 수 없을 것이다. 협업적 개혁이 플랫폼 위에서 액션플랜과 로드맵으로 구체화되어야 한다. 아일랜드의 사회파트너십 협약, 네덜란드의 바세나르 협약 및 독일의 하르츠 개혁은 사회통합적 신성장 플랫폼에서 사회적 대화의 소프트웨어로 참고해야 할 사례들이다. 이 국가들은 오랜 기간 동안 성숙한 사회적 합의 문화를 축적해왔다. 그러나 우리는 성숙한 사회적 합의 문화를 축적한 경험이 두텁지 못하다. 우리 경제와 사회의 시대적 현실에 적합한 사회적 대화의 장을 개발해야 할 시기이다.

그러려면 개혁 콘텐츠에 대한 사회적 공감대를 이끌어낼 신성장 플랫폼의 구성과 운영에 있어서 객관성과 사회적 신뢰성을 확보하는

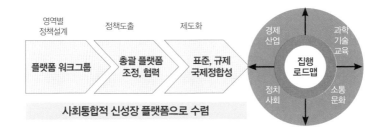

일이 우선이다. 사회적 대화는 낮은 단계에서 높은 단계로, 그리고 연차별 고도화 단계로 진행해 합의 문화를 지속적으로 발전시켜나가야 한다.

요컨대 불평등과 양극화는 사회적 갈등과 균열을 심화시키고 사회통합을 저해한다. 사회통합적 성장 플랫폼으로 성장 패러다임을 전환해야 한다. 사회통합적 신성장은 성장 후 분배가 아니라 성장 과정을 통해 사회통합성을 제고하고, 사회통합성 제고가 지속적인 성장으로 다시 이어지는 경제·사회적 성장접근이다. 그 전략은 성장동력이 수평적이고 시스템적으로 합류해서 사회적 격차와 양극화를 완화하고 지속 가능한 성장을 이끄는 성장의 숲으로서 융복합형 플랫폼 혁신이다.

미주

1부 불평등의 진화

1   김광수, 《애덤 스미스》, 한길사, 2015.
2   임석진 외 21, 《철학사전》, 중원문화, 2009.
3   마이클 샌델 지음, 이창신 옮김, 《정의란 무엇인가》, 김영사, 2010, 8강.
4   정영도, 《철학사전》, 이경, 2012; 이경 인문사회웹진; namu.wiki〉공리주의; 마이클 샌델 지음, 이창신 옮김, 《정의란 무엇인가》, 김영사, 2010, 2강.
5   John Rawls, *A Theory of Justice*, Cambridge, Mass.: The Belknap Press of Harvard University Press, 1971; 장동익, 《롤스 정의론 해제》, 서울대학교 철학사상연구소, 2005; 마이클 샌델 지음, 이창신 옮김, 《정의란 무엇인가》, 김영사, 2010, 6강.
6   마이클 왈저 지음, 정원섭 외 옮김, 《정의와 다원적 평등: 정의의 영역들》, 철학과현실사, 1999; 마이클 샌델 지음, 안진환 외 옮김, 《왜 도덕인가?》, 한국경제신문, 2010, 7장.
7   Angus Deaton, *The Great Escape*, Princeton University Press, 2013.
8   매일경제 세계지식포럼 사무국, 《선진국의 역습》, 매일경제신문사, 2013, 1장 챕터 5.
9   Krueger Alan, *Economic Report of President*, transmitted to the Congress, February 2012.
10 Joseph E. Stiglitz, *The Great Divide*, Norton, 2005.
11 송태경, "문재인 대통령의 경제민주주의가 가야 할 길", 〈한겨레〉, 2017. 6. 19.
12 제프리 삭스 지음, 홍성완 옮김, 《지속 가능한 발전의 시대》, 21세기북스, 2015, 2장.
13 제프리 삭스 지음, 홍성완 옮김, 위의 책, 1~3장.
14 NatCen Social Research, natcen.ac.kr

2부 불평등, 양극화, 사회적 이동

1   Peter Hoeller·Isabelle Joumard·Maruo Pisu·debra Bloch, *Less Income Inequality and More Growth-Are They Compatible?*, Part 1. Mapping Income Inequality Across the

OECD, OECD Economics Department Working Papers, No. 924, 2012.

2 제프리 삭스 지음, 홍성완 옮김, 《지속 가능한 발전의 시대》, 21세기북스, 2015, 1~3장.

3 제프리 삭스 지음, 홍성완 옮김, 위의 책.

4 Bonesmo Fredriksen, K., *Less Income Inequality and More Growth—Are they Compatible?*, Part 6, The Distribution of Wealth, OECD Economics Working Papers, No. 929, OECD Publishing, 2012.

5 홍장표, 〈한국의 노동소득 분배율 변동이 총수요에 미치는 영향〉, 《사회경제평론》 제43호, 한국사회경제학회, 2014, pp.101~138.

6 이병희, 〈노동소득 분배율 측정 쟁점과 추이〉, 《월간노동리뷰》 2015년 1월호, 한국노동연구원, 2015, pp.42.

7 인근태·심순형, 〈한국의 소득주도성장 여건과 정책효과 제고 방안〉, LG경제연구소, 2017.

8 International Labor Organization, Korea Institut for International Economic Policy, *Inequality in 20 Countries Causes Impacts and Policy responses*, G20 Employment Working Group, 23~25 July 2015, Cappadocia, Turkey.

9 7장 그래프는 정영욱이 분석했음.

10 임금 격차 관련 그래프는 류성현이 분석했음.

11 10장 그래프는 정영욱이 작성했음.

12 이근우, 《영악한 경제학》, 센추리원, 2015, 3장.

13 소득의 세대 간 이동성 및 교육의 세대 간 이동성 그래프는 이재하가 분석했음.

3부 사회통합과 신성장전략

1 여유진·김미곤·김문길·정해식·우선희·김성아, 〈국민통합의식에 관한 연구〉, 국민대통합위원회, 한국보건사회연구원, 2013, p.59.

2 https://ko.m.wikipedia.org/wiki〉미국 독립선언

3 https://ko.m.wikipedia.org/wiki〉프랑스 혁명

4 제프리 삭스 지음, 홍성완 옮김, 《지속 가능한 발전의 시대》, 21세기북스, 2015, 2장.

5 www.worldvaluessurvey.org/wvs.jsp

6 Dewey, The Public and Its Problems, in The Later Works, Vol. 2, 1927; 마이클 샌델 지음, 안진환 외 옮김, 《왜 도덕인가?》, 한국경제신문, 2010, 9장.

7 김인규, 〈플라톤의 지속 가능한 불평등과 한국〉, 《계간 철학과 현실》 2016년 여름호, 철학문화연구소, pp.114~116.

8 김준영, "사회통합적 신성장전략이 필요하다", 〈중앙일보〉, 2017. 1. 6.

9 빔콕, 〈네덜란드의 노동개혁과 사회적 대화〉(2005) 인용; 한국노동연구원, 《국제노동브리프》(Vol. 3, No. 6, 2005년 6월호) 인용; 양윤정, 빔 콕 전 총리 내한, 〈네덜란드 사회적 협의에 관한 강연: 바세나르 협약을 중심으로〉(2005) 인용; 박봉욱, 〈일자리 나누기의 현황과 제고방안〉(고려대학교 정책대학원, 2012) 인용.

10 아일랜드 사회연대협약체결, mashe81.blog.me, q나 520.blog.me, lemantwa.blog.me 인용; www.icsh.ie〉content〉publications, Toward 2016 social partnership agreement 인용;

박태주, 〈세계화와 노사관계: 아일랜드의 사회적 합의 경험에 대한 평가〉(산업연구원, 2003) 인용.

11 Michael Hüther, 〈하르츠 개혁과 독일의 고용기적〉(한국노동연구원, 2014) 인용; 하르츠 법안,
독일의 '아젠다 2010' 인용; 김상철, 〈독일 아젠다 2010 평가와 전망〉, 《한국질서경제학회지》
(제17권 제2호, 2014), pp.1~26 인용; 한국노동연구원, 《국제노동브리프》(2003년 2월호) 인용;
한국노동연구원, 〈하르츠 개혁과 독일의 고용기적〉, 《국제노동브리프》(2014년 7월호) 인용.

참고문헌

KB지식비타민, 〈한국의 소득불평등 추이와 금융포용〉, 2014.

Michael Hüther, 〈하르츠 개혁과 독일의 고용기적〉, 《국제노동브리프》 7월호, 한국노동연구원, 2014, pp.4~17.

강성호·김준영, 〈10분위 집단 내 및 집단 간 소득불평등 시계열 분석과 개선 효과〉, 《재정학연구》 제2권 제1호, 한국재정학회, 2009, pp.41~77.

강우진, 〈한국 빈곤문제의 동태적 분석과 정책적 시사점〉, 한국개발원, 2014.

김상철, 〈독일의 하르츠 개혁과 재정연방주의의 방향〉, 《재정정책논집》 제13권 제4호, 2011, pp.187~222.

김인숙 / 남유선, 《4차 산업혁명, 새로운 미래의 물결》, 호이테북스, 2016.

김준영, 〈소득 양극화: 소득불평등과 균형성장, 토론〉, 국회경제정책포럼, 2015.

마이클 왈저 지음, 최흥주 옮김, 《마이클 왈저, 정치철학 에세이》, 모티브북, 2009.

박명호·전병목, 〈소득분배 변화와 정책과제: 소득집중도와 소득이동성 분석을 중심으로〉, 한국조세연구원, 2014.

서정욱, 《칸트의 순수이성비판 읽기》, 세창미디어, 2012.

선학태, 〈아일랜드 기적: 사회협약정치의 혁신성〉, 《한국정치연구》 제17권 제2호, 2008, pp.273~301.

스티븐 레비츠키 / 대니얼 지블랫 지음, 박세연 옮김, 《어떻게 민주주의는 무너지는가: 우리가 놓치는 민주주의 위기 신호》, 어크로스, 2018.

아리스토텔레스 지음, 김재홍 옮김, 《정치학》, 길, 2017.

애덤 스미스 지음, 김광수 옮김, 《도덕감정론》, 한길사, 2016.

애덤 스미스 지음, 김수행 옮김, 《국부론》 상·하, 비봉출판사, 2007.

여유진·정해식·김미곤·김문길·강지원·우선희·김성아, 〈사회통합 실태진단 및 대응방안 II〉, 한국보건사회연구원, 2015.

유진성, 〈독일 근로연계 복지제도의 특징과 시사점〉, 《정책연구》 2014년 3월호, 한국경제연구원, 2014.

육동한, 〈우리나라의 양극화 현상과 대응, 향후 과제〉, 한국행정연구원, 2013.

이돈희 편, 《존 듀이: 교육론》, 서울대학교출판부, 1992.

이호근, 〈노동시장양극화와 사회통합방안〉, 2013.
조준모·조동훈·이재성·이아영·백원영, 〈선진국 고용정책의 일자리 창출 효과 연구〉, 고용노동부, 2014.
최성은, 〈최근의 소득 양극화 추이 분석〉, 2011.
통계청, 가계금융복지패널조사, 원자료, 각 연도.
통계청, 가계동향조사, 원자료, 각 연도.
플라톤 지음, 이환 옮김, 《국가론》, 돋을새김, 2014.
한국노동연구원, 한국노동패널조사, 1~19차.
한국보건사회연구원, 2008년 빈곤통계연보.
한국보건사회연구원, 2015년 빈곤통계연보.
한국직업능력개발원, 한국교육고용패널조사.
황경식, 《정의론과 덕윤리》, 아카넷, 2015.